Die amerikanischen Gewerkvereine.

Schriften

des

Vereins für Socialpolitik.

XVIII.

Die Amerikanischen Gewerkvereine.

Leipzig,
Verlag von Duncker & Humblot.
1879.

Die

Amerikanischen Gewerkvereine.

Von

Henry W. Farnam.

Leipzig,
Verlag von Duncker & Humblot.
1879.

Das Uebersetzungsrecht bleibt vorbehalten.

Die Verlagshandlung.

Inhaltsübersicht.

	Seite
Einleitung	1

Mangelhaftigkeit der Quellen.

I. Die rechtlichen und wirthschaftlichen Bedingungen der Gewerkvereine 2

Die Begünstigung von Vereinen seitens des Gesetzes, S. 2; Einfluß der Großindustrie, S. 3; der Konkurrenz, S. 3; der westlichen Ländereien, S. 3; der Beweglichkeit des wirthschaftlichen Lebens in den Vereinigten Staaten, S. 4.

II. Die einzelnen Vereine 5

Die Setzer, S. 5; die Hutmacher, S. 8; die Eisen-, Stahl- und Zinnarbeiter, S. 9; die Former, S. 11; die Maschinenbauer, S. 12; die Lokomotivführer, S. 15; die Heizer, S. 18; die Cigarrenmacher, S. 19; die Schuhmacher, S. 19; die Böttcher, S. 23; die Möbelarbeiter, S. 24; die Granithauer, S. 25; der Internationale Arbeiterverein, S. 26; die Knights of Labor, S. 28; die Englischen Vereine der Maschinenbauer und Tischler, S. 30.

III. Die Thätigkeit der Gewerkvereine 30

Lebensversicherung, S. 30; Lohntarife, S. 31; allgemeine Bildung der Mitglieder, S. 41; örtliche und nationale Verbände, S. 31; Verhältniß zur Politik, zum Socialismus und zu Arbeitseinstellungen, S. 32; der große Eisenbahnstrike von 1877, S. 33; Vergleich der Amerikanischen und Englischen Gewerkvereine, S. 38.

Wer irgend eine Periode der Europäischen Geschichte erforschen will, oder irgend eine historische Thatsache aus der Vergangenheit der alten Welt zu beschreiben unternimmt, findet in der Regel reichliche Quellen und eine volle Literatur. An Büchern fehlt es nicht. Oft wird er geradezu von der Zahl der Werke, die er wenigstens erwähnen muß, verwirrt und ermüdet; im schlimmsten Falle sind Vorgänger da, die ihm den Weg deuten und den Boden vielleicht schon für seine Thätigkeit vorbereitet haben.

Ganz anders, wer sich vornimmt, sociale Erscheinungen in der neuen Welt zu schildern. Hier ist Alles noch vollständig Urwald. Auch die rohesten Vorarbeiten, das Abhauen der Bäume, die Entfernung der Wurzeln und Steine sind noch nicht besorgt worden; er muß von unten herauf Alles selber machen.

Ueber die amerikanischen Gewerkvereine ist bis jetzt so gut wie Nichts geschrieben worden, höchstens finden sich hie und da vereinzelte Angaben.

In den Berichten der Arbeitsstatistischen Büreau's von Massachusetts, Pennsylvania und Ohio ist der Gegenstand zuweilen berührt, aber nicht einmal für ein kleines Gebiet erschöpfend behandelt. Die industrielle Geschichte der Vereinigten Staaten von Bolles[1]) widmet unserm Thema zwei Capitel, ohne über Allgemeinheiten hinauszukommen. Das Buch von Herrn von Studnitz über die amerikanischen Arbeiterverhältnisse stützt sich für seine Beschreibung der Gewerkvereine vornehmlich auf die schon erwähnten Berichte und auf vereinzelte Statuten. Irgend etwas Ausführliches und Systematisches ist uns in der ganzen Literatur nicht begegnet.

Was dann unsere Quellen betrifft, so sind sie in der Regel lebende Menschen. Gedruckte Statuten, Zeitungsnotizen ꝛc. kommen hinzu; staatliche Untersuchungen existiren aber fast gar nicht, auch sind die Berichte der Gewerkvereine selber nicht ausführlich und oftmals nach einigen Jahren nicht leicht aufzufinden.

Zur Ehre unserer lebenden Quellen muß nun gesagt werden, daß sie sich meistens durch eine musterhafte Pünktlichkeit in ihrer Correspondenz und durch eine freundliche Mittheilsamkeit im mündlichen Verkehr, auszeichnen. Mit Ausnahme eines Einzigen (der aus dem Verfasser einen kleinen Gewinn zu ziehen hoffte und sich erbot ihm eine Beschreibung seines Vereins für $ 25.00 zu schreiben) haben sich die Führer im höchsten Grade zuvorkommend und frei-

---

[1]) Albert S. Bolles: Industrial history of the United States. 1879.

gebig gezeigt. Einer erstattete sogar den Abonnements=Preis seiner Zeitschrift zurück, schrieb den Verfasser dennoch als Abonnent ein und schickt ihm regelmäßig die Schrift. Diesen Vorstehern hat der Verfasser viel zu verdanken. Nichts= destoweniger ist der Briefwechsel ein rohes Mittel der Forschung; wer aber mündliche Aussagen sucht, muß in unserm großen Lande weit reisen, um wenige Leute zu sprechen; dann reicht das Gedächtniß auch des ältesten Handwerkers nicht sehr weit zurück und viel beschäftigte Leute denken selten daran, die Zeug= nisse ihrer Thätigkeit aufzubewahren; kurz die Arbeit ist langsam und das Resul= tat nicht immer zuverlässig.

Gewöhnlich wünscht der Gewerkvereinler, daß die Beschreibung seines Ver= eins nicht nur wahr, sondern auch günstig sei, und deßhalb, wo es sich um Schätzungen handelt, schätzt er selten zu niedrig. In einigen Fällen habe ich den Verdacht, daß die Angaben der Mitgliederzahl bedeutend zu hoch gegriffen sind; aber in Ermangelung einer Formel für die Correctur muß man sie so lassen, wie sie gegeben sind.

Endlich ist die jetzige Zeit für unsere Untersuchung sehr ungünstig; alle Gewerkvereine leiden unter dem Druck schlechter Geschäfte und allgemeiner Ar= beitslosigkeit und manche Leute, die sich früher für die Sache bethätigten, haben ihr Interesse jetzt verloren.

Für eine Geschichte der amerikanischen Gewerkvereine liegt also das Material nicht vor; auch nicht für eine Statistik ihres jetzigen Zustandes. Wir begnügen uns daher damit, zuerst auf die rechtlichen und wirthschaftlichen Bedingungen hin= zuweisen, unter denen sie aufgewachsen sind; darauf folgt eine Schilderung, meistens chronologisch geordnet, der einzelnen Vereine, der sich eine Betrachtung ihrer Thätigkeit und Wirkungen anschließt.

I.

Das Amerikanische Recht legt den Gewerkvereinen wenige Schranken auf. Als freiwillige Vereine können sie sich überall organisiren ohne irgend welche Genehmigung oder Aufsicht Seitens des Staates. In Connecticut bestimmt ein besonderes Gesetz, daß solche Vereine, auch ohne corporative Rechte zu erlangen, juristische Personen sind, die in ihrem eigenen Namen klagen und verklagt werden dürfen und daß das Eigenthum der Mitglieder für Vereinsschulden nicht in An= spruch genommen werden darf. Die Mehrzahl der Gewerkvereine existiren einfach unter diesen Bedingungen. Es können aber auch corporative Rechte, worunter besonders das Recht Grundeigenthum zu erwerben verstanden wird, ohne große Mühe erlangt werden. Das geschieht im Allgemeinen durch einen Freibrief (Charter) von der Legislatur des Staates. Die einzelnen Staaten (denn ihnen und nicht dem Bunde fällt die Regelung dieser Angelegenheit anheim) haben aber vielfach dieses Verfahren überflüssig gemacht und allgemeine Normen aufgestellt, unter denen auch von untergeordneten Behörden Freibriefe ertheilt werden dürfen. In Connecticut z. B. wird verlangt, daß ein Exemplar des Statuts beim Secretary of the State und ein anderes bei der Gemeindebehörde des Orts, in welchem der Verein seinen Sitz hat, hinterlegt werde. Dadurch wird unter Anderm das Recht erlangt, „bewegliches und unbewegliches Eigenthum zu erwerben, dessen jährliche Rente die Summe von $ 3000.00 nicht übersteigt." Das

Recht der Prüfung und Verwerfung liegt den genannten Behörden nicht ob. Aehnlich ist das Gesetz in Ohio. In Pennsylvania werden Freibriefe von den Gerichten bewilligt und zwar entweder vom obersten Gerichte des Staates (Supreme Court) oder von den Grafschaftsgerichten. Im ersteren Falle muß das Statut eine schriftliche Bescheinigung seiner Rechtmäßigkeit zuerst vom Generalstaatsanwalt und dann vom Gericht selber erlangen; dann wird es dem Gouverneur und von diesem dem Secretary of the State zur Einschreibung übergeben. Wird das Grafschaftsgericht angegangen, so muß es das Statut prüfen und wenn es die Zwecke rechtmäßig findet, eine Bekanntmachung darüber drei Wochen lang in einer Zeitung der Grafschaft abdrucken lassen. Wird kein Einwand während dieser Zeit eingebracht, so wird der Freibrief bewilligt. Der Verein hat dann das Recht, Grundeigenthum zu erwerben, dessen jährliche Rente $ 20,000.00 nicht übersteigt. In New-York existirt ein besonderes Gesetz für gesellige Vereine (social and recreative societies), welches folgende Bedingungen aufstellt: Ein notariell beurkundeter Schein, der Namen, Zweck, Vorsteher ꝛc. des Vereins enthält, muß von einem der Richter des Bezirks, in dem der Verein seinen Sitz hat, mit seiner Genehmigung indossirt werden. Dieses Schriftstück wird dann sowohl vom Secretary of the State, als von einem Grafschaftsbeamten eingeschrieben. Der so inkorporirte Verein darf Grundeigenthum bis zum Werthe von $ 50,000.00 und bewegliches Eigenthum bis zum Werthe von $ 75,000.00 erwerben. Das jährliche Einkommen des Vereins hieraus darf aber nicht mehr als $ 10.000,00 sein. Die Curatoren (Trustees) haften für die Schulden der Gesellschaft, wenn dieselben innerhalb eines Jahres fällig sind und wenn innerhalb eines Jahres darauf geklagt wird.

Diese Beispiele geben einen Begriff von der Mannigfaltigkeit der Gesetze über Corporationen, zugleich aber von der Leichtigkeit, mit welcher Corporationsbefugnisse erlangt werden.

Die öconomischen Verhältnisse sind der Bildung von Gewerksvereinen vielfach sehr günstig. Die Tendenz nach der Großindustrie ist hier noch ausgeprägter als in Europa. Der kleine Handwerker kann mit den zahllosen neuen Maschinen, deren Anschaffung nur dem Capitalisten möglich ist, nicht concurriren und viele Zweige, die in Europa noch ziemlich allgemein der Kleinindustrie verblieben sind, wie die Uhrenfabrication und das Schuhmachergewerbe, werden hier fast ausschließlich im Großen betrieben. Das Alles bringt die Arbeiter gleich in Massen ihren Arbeitgebern gegenüber, wo sie also machtlos sind, wenn sie sich nicht verbinden. Ferner reizt der lebhafte Concurrenzkampf zwischen den Corporationen und die gewöhnlich folgende Combination zur Nachahmung. Der Tarifkrieg der Eisenbahnen wurde im vorigen Herbst soweit geführt, daß die Fahrt von Cincinnati nach New-York, eine Strecke von über 750 engl. Meilen, bloß $ 1.00 kostete. Das dauerte allerdings nur einige Tage, denn bald verständigten sich die Bahnen, und die Leute, die durch den niedrigen Tarif verlockt wurden, nach New-York zu reisen, mußten für die Rückfahrt den vollen Betrag, $ 18, bezahlen. Durch solche Vorfälle werden den Arbeitern die Vorzüge der Verbindung auf das Schlagendste dargethan.

Wenn aber diese Verhältnisse dazu geeignet sind, Gewerkvereine ins Leben zu rufen, so gibt es doch andere, die ebenso geeignet sind, diese Vereine zu schwächen und ihnen die Festigkeit zu entziehen, wenn sie einmal entstanden sind.

Der Vorrath an unbewohntem Lande im Westen ermöglicht es Jedem, dem seine Stellung als Lohnarbeiter nicht behagt, sich der Tyrannei seines Brodherrn zu entziehen und selbstständig zu leben. Er wird freilich nicht immer dadurch an Behaglichkeit des Lebens gewinnen, aber er wird wenigstens unabhängig sein; er braucht sich daher niemals zu beklagen, daß er als Lohnarbeiter zur Sclaverei verurtheilt sei. Er hat immer die Aussicht, Etwas für sich zu beginnen und durch die Möglichkeit dieser Zuflucht wird ihm der Gewerkverein entbehrlicher. Ferner ist der Uebergang von einem Gewerbe zu einem andern etwas gar nicht Seltenes in den Vereinigten Staaten; der Amerikaner lernt rasch und liebt den Wechsel, wenn er darin einen pecuniären Vortheil erblickt: er geht also mit der größten Leichtigkeit von einem Geschäft in: andere. Das wirkt nun zweifach ungünstig für die Gewerkvereine. Einmal tritt keiner dem Verein bei mit der Absicht, sein ganzes Leben lang darin zu bleiben; er kann jederzeit sein Gewerbe und seinen Wohnort wechseln; er muß sich also leicht davon ablösen können. Unvereinbar mit dieser Möglichkeit sind aber Einrichtungen, von denen er erst nach Jahren Vortheil ziehen kann, wie Krankencassen, Altersversorgungscassen, Cassen für Unfälle und dergleichen, lauter Dinge, welche die Hauptanziehungs= mittel der englischen Vereine sind. Daher sind solche Kassen, wenn sie überhaupt existiren, fast ausnahmslos getrennt von einander und von der Generalcasse, und der Beitritt beruht auf dem Belieben der Mitglieder. Dadurch geht ein wirk= sames Bindemittel und zugleich ein Erhaltungsmittel des Vereins verloren. Denn wenn jedes Mitglied die Aussicht hat, während einer schlechten Zeit Unter= stützung von seinem Verein zu bekommen, so wird es seine Beiträge zahlen, so lange es ihm irgend wie möglich ist. Wenn es aber keine bekommt und sieht, daß es auch keine Aussicht auf höhern Lohn gibt, so wird es leicht, wenn die Geschäfte schlecht sind, abfallen. Daher sind unsere Gewerkvereine so sehr empfindlich gegen Geschäftsstockungen. Viele haben durch die Krisis von 1873 einen Schlag erhalten, von dem sie sich wohl nicht wieder erholen werden und Alle haben mehr oder weniger gelitten. Es scheint alle Mühe ihrer Führer umsonst gewesen zu sein. Einer, der vor einigen Jahren als erster Kenner von Gewerkvereinen in den Vereinigten Staaten galt, schrieb mir neulich: „Seit 6 Jahren habe ich der Arbeiterbewegung weder Aufmerksamkeit geschenkt, noch mich mit ihr beschäftigt. Im Februar 1873 zog ich mich vollständig von meiner früheren, regen Arbeit in dieser Richtung zurück, da ich meinen letzten Dollar in einer Sache vergeudet hatte, in der meine ernste Thätigkeit nicht gewürdigt und keine hinreichende Unterstützung mir gewährt wurde. Ich kehrte dann zu meiner Arbeit als Handwerker zurück, um mich und meine Frau zu ernähren, in der vollen Absicht, nichts mehr mit der Arbeiterbewegung zu thun zu haben." Dieser Rückschritt der Arbeiterbewegung ist aber dasselbe, wie der Rückschritt der Gewerkvereine; beide leiden von der allgemeinen Geschäftsschwüle und ich habe keinen Zweifel, daß sobald eine größere Nachfrage nach Arbeit entsteht, beide wieder Kraft gewinnen werden. Wenn es nun möglich wäre, weitgehende Ver= sicherungscassen in die Vereine aufzunehmen, so wären sie solchen Stockungen nicht ausgesetzt, aber bei der Beweglichkeit des wirthschaftlichen Lebens scheint das vor der Hand nicht ausführbar.

Ein zweiter, aus dieser Quelle entspringender Nachtheil ist, daß gerade die klügsten Führer die ersten sind, die den Verein verlassen. Das liegt in der

Sache. Wer den Kopf hat, einige Tausend seiner Mitarbeiter ordentlich zu führen, der kann es zu etwas Besserm bringen, als die Präsidentschaft eines Gewerkvereins, und gibt sein Gewerbe auf, sobald sich eine bessere Gelegenheit bietet. Diese Thatsache erklärt das rasche Wachsthum und den plötzlichen Verfall so vieler unserer Vereine; ihr Geschick ist oftmals an einen einzigen Mann geknüpft, und es ist ein Wunder, wenn dieser Einzige mehr als ein paar Jahre lang sich mit seiner Stelle begnügt. So ist z. B. der frühere Präsident des Böttchervereins jetzt Advocat in Cleveland; der frühere Präsident des Vereins der Maschinenbauer wurde zuerst Mitglied des Landtags von Ohio und bekleidet jetzt eine Stellung unter der Regierung der Vereinigten Staaten. Der Schatzmeister des Vereins der Former ist in der Stadtregierung von Brooklyn angestellt; der frühere Secretär desselben ist Chef des Arbeitsstatistischen Büreau's von Ohio; der Gründer des einst mächtigen Schuhmachervereins der Knights of St. Crispin ist jetzt selber Schuhfabricant in Milwaukee; der frühere Secretär der Granithauer sitzt im Congreß; die tüchtigen Setzer werden oftmals Zeitungsredacteure, und so lösen sich immer die begabtesten Elemente von den Gewerkvereinen ab. Daher der unstetige Charakter der Vereine, der Mangel an dem gesunden Conservatismus der Engländer.

Die Verhältnisse nun, die diese Zustände hervorbringen, nehmen mit der Verdichtung der Bevölkerung fortwährend ab. Aber es wird wohl noch lange dauern, bis die Berufsclassen so fest sich gestalten, wie in der alten Welt, und bis dahin kann man nicht erwarten, daß die Gewerkvereine ihren etwas ephemeren Charakter verlieren.

II.

Der Anfang unserer Gewerkvereine fällt in die Zeit, da die Englischen Vereine sich zu amalgamiren und ihren modernen Charakter anzunehmen begannen. Allerdings hatten wir auch früher Gewerkvereine. Es soll sogar eine Zeitung gegeben haben, die unter dem Namen „The Trades Unionist" in den dreißiger Jahren in New-York erschien; aber diese Vereine, die damals existirten, waren wohl meistens locale und vereinzelte Bildungen, die daher nur locale Spuren hinterlassen haben.

Unter den großen, vielverzweigten Vereinen, die jetzt noch am Leben sind, ist der älteste der Verein der Drucker, die „International Typographical Union". Gegründet wurde er im Jahre 1850 unter dem Namen „National Typographical Union". Seit 1869 erstreckt er sich auch über Canada und daher das Prädicat International, welches bei den amerikanischen Gewerkvereinen allgemein in diesem Sinne gebraucht wird.

Dieser Verein war vor wenigen Jahren sehr einflußreich und mächtig, ja so sehr seiner Macht bewußt, daß er anfing tyrannisch zu werden und das ganze Gewerbe controliren zu wollen. Theils in Folge der dadurch erregten Feindschaft der Druckereibesitzer, theils in Folge der allgemeinen Arbeitslosigkeit seit der Krisis von 1873 ist er vielfach zurückgegangen. Er soll noch über 100 Zweige zählen (die höchste Logennummer war 198), aber die Mitgliederzahl ist von gegen 8000 im Jahre 1876 auf etwa 6000 gesunken; und mit den Finanzen steht es nicht besser, wie aus folgender Uebersicht erhellt

	1874.	1875.	1876.	1877.	1878.
Einnahmen $	3.931.27	3.668.90	4.214.76	1.931.01	1.386.50.
Ausgaben	2.155.50	1.600.54	3.252.20	2.109.30	1.704.95.

In den zwei letzten Jahren zeigt sich also geradezu ein Deficit. Daß der Verein sich diesen Rückgang in großem Maße selber zu verdanken hat, ist kaum zu bezweifeln, wenn wir einige Bestimmungen seines Statuts betrachten. Dort heißt es z. B.: „Ein untergeordneter Verein hat das Recht zu bestimmen, in welcher Werkstatt seine Mitglieder arbeiten dürfen, ungeachtet irgend welcher besondern Umstände"; ferner: „Ein Mitglied eines Zweigvereins darf nicht in einer statutwidrigen, oder „rat" Werkstatt arbeiten, auch wenn er Eigenthümer oder Actionär derselben ist, ohne die Erlaubniß seines Vereins." Noch ein Beispiel: „Die Eigenthümer oder Aufseher von Druckanstalten haben das Recht, ihre Arbeiter nach Belieben in Dienst zu nehmen und zu entlassen, insofern sie sich nach den Gesetzen und Regeln des Zweigvereins, in dessen Sprengel die Werkstatt sich befindet, richten und die Entlassung nicht wegen Befürwortung von Vereinsgrundsätzen geschieht." Die Besitzer sollen also nicht solche Setzer anstellen, die ihnen brauchbar und nützlich sind, sondern solche, die unter den Regeln eines rein localen Vereins zulässig sind. Als natürliche Folge haben sie sich entschlossen, ihre Geschäfte selbst zu verwalten, und viele der größten Zeitungen nehmen jetzt gar keine Vereinsmitglieder in Dienst.

Die Aufnahmebedingungen sind etwas strenger, als in der Mehrzahl der amerikanischen Gewerkvereine. Es wird eine Lehrzeit von fünf Jahren gefordert und es wird den Zweigen empfohlen, 20 Jahre als Minimalalter anzunehmen. Eine Beschränkung des Geschlechts existirt nicht. Ein weiblicher Druckerverein ist auf dem Delegatentag vertreten und ein im Jahre 1877 gemachter Antrag, Frauen vom Verein auszuschließen, wurde zurückgewiesen.

In ihrer allgemeinen Verwaltung ist die Typographical Union der Typus amerikanischer Gewerkvereine.

Zur jährlich tagenden Delegatenversammlung sendet jeder Localverein wenigstens einen Abgeordneten: Vereine mit mehr als 100 Mitgliedern schicken zwei, mit mehr als 500 Mitgliedern drei und mit mehr als 1000 Mitgliedern vier. Die nothwendigen Ausgaben ihrer Delegaten bestreitet jeder Localverein für sich. Wer einmal als Abgeordneter fungirt hat, bleibt ständiges Mitglied der Versammlung auch ohne nochmaliges Mandat, darf aber in diesem Falle nicht stimmen. Der Delegatentag hat nun nicht nur die höchste Macht in der Union inne, sondern er ist selbst die Union und wird überall im Statut als solche bezeichnet: für die Gesammtheit der Mitglieder der verschiedenen sogenannten „Untergeordneten Vereine" gibt es somit keinen Namen, nur für den von ihnen beschickten Congreß. Man kann also genau genommen nicht von einem Internationalen Druckerverein sprechen, sondern nur vom Congreß einer Internationalen Föderation von Localvereinen.

Die jährliche Versammlung findet im Juni statt, in dem Orte, der im vorhergehenden Jahre als Sitz derselben bestimmt worden ist und dauert gewöhnlich mehrere Tage. Dort werden die Berichte der Beamten entgegengenommen, Streitfälle entschieden, Gesetze erlassen und Veränderungen der Verfassung vorgenommen; die Abstimmung über letztere geschieht aber erst in der nächstfolgenden Sitzung nach deren Antrag, und sie müssen ³/₄ der Stimmen erhalten, außer wenn die Versammlung sie gleich einstimmig annimmt. In derselben Versammlung werden auch jährlich die Beamten gewählt. Diese sind ein Präsident, zwei Vicepräsidenten, ein Secretär-Schatzmeister und ein correspondirender Secretär. Der Präsident führt den Vorsitz bei den Versammlungen des Delegatentages, entscheidet Streitfälle zwischen verschiedenen Vereinen und übt eine allgemeine Aufsicht über das Wohl der Organisation aus. Sein Gehalt ist klein im Vergleich zu dem in andern Vereinen üblichen Gehältern und beträgt $ 200.00 jährlich, früher $ 300.00. Der Secretär-Schatzmeister bezieht jetzt $ 400.00, früher $ 600.00.

Für die regelmäßige Einnahme des Vereins gibt es eine jährliche Kopfsteuer von 25 Cents. Außerdem wird für jeden an einen neuen Zweig verliehenen Freibrief eine Gebühr von $ 5.00 entrichtet.

Die Steuer scheint auf den ersten Anblick sehr gering zu sein. Man muß aber bedenken, daß gar keine Wohlthätigkeits- oder Unterstützungscassen mit dem Verein verbunden sind; der Entwurf einer Beerdigungscasse soll im nächsten Abgeordnetentag berathen werden; bis jetzt gibt der Verein Nichts für milde Zwecke aus. Seine regelmäßige Thätigkeit ist daher sehr beschränkt. Sein Zweck scheint nur darin zu bestehen, die verschiedenen Localvereine zu verbinden, um gemeinschaftlich bessere Lohnbedingungen zu erlangen.

Ein Mittel zu diesem Zweck sind nun Arbeitseinstellungen, gegen die der Verein sich durchaus nicht unbedingt erklärt. „Der Verein," heißt es im Statut, „betrachtet Strikes als unzweckmäßig, außer wo die Regeln und Grundsätze des internationalen, oder eines untergeordneten Vereins verletzt worden sind." Um in diesem Falle aber mit Erfolg kämpfen zu können, wurde auf dem Delegatentage von 1878 ein Fonds besonders für diesen Zweck gebildet, „in Erwägung, daß der verderbliche Ausgang fast aller Arbeitseinstellungen, die von den verschiedenen Zweigvereinen der International Typographical Union unternommen worden sind, ausnahmslos einem Mangel an den in solchen Fällen nothwendigen Kriegsmitteln, nämlich Geld, zugeschrieben wird." Zu diesem Fonds muß jedes Mitglied jährlich $ 1.00 beitragen. Entsteht ein rechtmäßiger Strike, so wird eine Unterstützung von höchstens $ 7.00 wöchentlich an jeden Feiernden bezahlt. Um rechtmäßig zu sein, muß der Strike aber von ³/₄ der stimmenden Mitglieder des betheiligten Localvereins gebilligt werden und die Genehmigung des Präsidenten erlangen, ausgenommen im Falle eines Strikes gegen Lohnherabsetzung. Wenn der Strike schon sechs Wochen lang im Gange ist, darf ihn der Präsident, nach seinem Ermessen, für beendet erklären.

Ein anderes Mittel zur Erlangung von günstigen Lohnbedingungen ist die Regelung des Lehrlingswesens, die aber den Localvereinen ganz überlassen ist. „Es wird jedem Localverein anbefohlen, Regeln zu machen, welche die Zahl der in einer Werkstatt beschäftigten Lehrlinge auf je einen für eine solche Zahl Gesellen beschränkt, die ihnen recht erscheint." Eine allgemeine Regelung findet also gar nicht statt.

Was endlich die Stellung der Localvereine dem Centralverein gegenüber betrifft, so ist sie eine sehr unabhängige. Man kann im Allgemeinen sagen, daß alle Befugnisse, die dem Centralverein nicht ausdrücklich verliehen sind, den

Localvereinen verbleiben. Das ist gewiß eine Quelle vielen Uebels. Auf einem neulichen Delegatentag des Vereins beklagte sich der Präsident schwer über den Mangel an Zusammengehörigkeit im Verein. „Ich mache darauf aufmerksam," sagte er, „daß die verschiedenen Zweige unter der Gerichtsbarkeit dieses Vereins, mit wenigen Ausnahmen, einen bedauernswerthen Mangel an der Disciplin zeigen, die für die höchste Wirksamkeit unseres Systems nöthig ist. Das wichtigste Moment in dieser Beziehung scheint mir nach meiner Erfahrung des verflossenen Jahres zu sein, daß man die International Typographical Union nicht als die Quelle unseres Systems ansieht und ihren Gesetzen nicht die ihnen gebührende Achtung zollt. Besonders ist dies der Fall in Bezug auf die Berichterstattung solcher Vorgänge innerhalb des Sprengels eines Zweigvereins an die Beamten dieses Vereins, die für das Gewerbe ein allgemeines Interesse haben oder den Beamten bei ihrer Correspondenz mit den verschiedenen Zweigvereinen als Richtschnur dienen könnten." Der Präsident führt dann aus, er habe Fragecirculare über den Zustand des Gewerbes und des Vereins an jeden der 125 Localvereine geschickt und bloß 40 Antworten erhalten. Bei solcher Theilnahmslosigkeit muß man sich fast wundern, daß der Verein noch zusammenhält.

Etwas jünger als die Typographical Union, aber im Wesen viel alterthümlicher ist die Organisation der Hutmacher. Die Hutmacher sind darin eigenthümlich, daß sie viel conservativer als die andern Handwerker sich benehmen, und ihre Vereine mehr mit den alten Zünften verwandt zu sein scheinen, als mit den modernen Trades Unions. In diesem Gewerbe werden Lehrlinge sorgfältiger ausgebildet, als in irgend einem andern, und die Regelung des Lehrlingswesens scheint die Hauptthätigkeit des Vereins zu bilden. Ja gerade über die Zahl der in einer Werkstatt zu erlaubenden Lehrlinge haben sich die Filzhutmacher und die Seidenhutmacher entzweit, so daß seit 1868 der im Jahre 1854 gegründete Hutmacherverein nicht mehr existirt, sondern an dessen Stelle zwei Nationalvereine getreten sind, die den gleichen Namen führen und deren Statuten, in vielen Paragraphen wörtlich übereinstimmend, sich in der einzigen Bestimmung über die Zahl der Lehrlinge erheblich unterscheiden. Die Filzhutmacher erlauben auf 10 Arbeiter in einer Werkstatt zwei Lehrlinge und auf je 10 darüber einen dazu. Die Seidenhutmacher dagegen gestatten höchstens 2 Lehrlinge in einer Werkstatt ungeachtet der Zahl der Gesellen.

Beide Vereine heißen National Trade Association of Hat Finishers of the United States of America. Niemand wird aufgenommen, der nicht vor dem 21. Jahre eine vierjährige Lehre durchgemacht hat. Die Organisation und Verwaltung ist im Allgemeinen die der Drucker. Die Delegatenversammlung tritt aber nur alle vier Jahre zusammen und nur alle vier Jahre werden die Beamten gewählt. Ihr Gehalt ist mäßig: in dem Verein der Filzhutmacher erhält der Schatzmeister $ 50.00 für seine Amtszeit, der Secretär $ 150.00 jährlich; bei den Seidenhutmachern erhält der Secretär $ 125.00 jährlich. Kranken- oder Unterstützungscassen irgend welcher Art existiren nicht. Die Hauptsache in beiden Vereinen ist das Lehrlingswesen und die Abwehr von „foul", das heißt dem Verein nicht angehörenden oder die Vorschriften des Vereins verletzenden Arbeitern. In diesen beiden Beziehungen sind die Bestimmungen sehr streng. Ein Lehrling muß vier Jahre in die Lehre gehen; während dieser Zeit muß er immer bei demselben Meister bleiben, außer wenn dieser das Geschäft aufgibt. Der Meister anderseits, der einen Lehrling ohne gerechten Grund entläßt, darf ohne Einwilligung des Localvereins keinen neuen nehmen, bis die Zeit des ersteren abgelaufen ist.

Der Lohntarif wird von den Localvereinen bestimmt, die in vielen wichtigen Sachen ihre Autonomie behalten haben und in den Beschränkungen oft weiter gehen als der Nationalverein. Der Verein der Filzhutmacher in Boston z. B. erlaubt höchstens drei Lehrlinge in irgend einer Werkstatt. Jeder soll sich wenigstens drei Monate unter die Aufsicht eines Gesellen stellen, dem dann seine Arbeit zu Gute kommt. Ein Geselle, der wochenweise arbeitet, darf aber keinen Lehrling unterrichten, wenn in derselben Anstalt und in demselben Fache ein Anderer stückweise arbeitet. Die Scheidung zwischen Mitgliedern und Nicht= mitgliedern ist streng durchgeführt. Jeder Geselle und jeder Aufseher muß sich dem Verein anschließen, ehe ein Mitglied mit ihm oder unter ihm arbeiten darf. Ein Mitglied, das gegen diese Regel handelt, wird als „foul" angesehen, das heißt in Verruf erklärt. Mitglieder, welche wochenweise arbeiten, müssen wenig= stens $ 25.00 erhalten (dies galt im Jahre 1875, jetzt wohl nicht mehr); es darf aber höchstens ein solcher in jeder Werkstatt sein und er darf sich nicht auf einen einzigen Zweig des Gewerbes beschränken, wenn es nicht das Ausbügeln weicher Hüte ist. Für die Appretur darf nicht weniger als $ 1.25 das Dutzend bezahlt werden, sonst regelt jede Werkstatt ihre eigenen Preise nach der Qualität. Die Seidenhutmacher haben sogar eine Bestimmung, daß kein Mitglied einen Hut fertig machen darf, der von einem in Verruf Erklärten angefangen worden ist.

In Norwalk, einem der Hauptsitze der Hutindustrie, scheinen die Arbeiter vollständig das Heft zu führen. Hier schreibt das Statut des Localvereins vor, daß jedes Mitglied, das einen Contract abschließt, darin eine besondere Clausel aufnehmen muß, kraft welcher der Vertrag nichtig wird, wenn die Werkstatt in Verruf erklärt werden sollte. Kein Hutmacher, der wochenweise arbeitet, darf weniger als $ 18.00 erhalten; auch darf er sich nicht zu einem bestimmten Arbeitsertrag verpflichten. Wenn ein Mitglied wegen Theilnahme an einem Comité für die Regelung der Lohnsätze entlassen wird, so sollen sämmtliche Arbeiter in der Werkstatt ausstehen, bis er zurückgenommen worden ist.

Das Monopol, wie bei den alten Zünften, ist also die Hauptsache in dem Verein der Hutmacher. Zur besseren Ausführung desselben haben sie sogar ein Cartelverhältniß mit ihren europäischen Genossen; Einwanderer aus Frankreich, Italien, Dänemark, Norwegen und Schweden werden von den Filzhutmachern nicht anerkannt, wenn sie nicht von einem Verein ihres Heimathlandes eine Reisekarte mitbringen. Deutsche Hutmacher müssen von dem Centralverein be= glaubigt sein, englische Vereinskarten werden aber nicht anerkannt, weil es dem Verein noch nicht gelungen ist, mit den englischen Hutmachern Unterhandlungen anzuknüpfen.

An Zahl sind diese Vereine nicht sehr stark. Die Filzhutmacher hatten ihrem letzten halbjährigen Berichte gemäß in 11 Vereinen 1761 Mitglieder und 302 eingeschriebene Lehrlinge. Die Seidenhutmacher hatten Ende 1877 13 Vereine, 651 Mitglieder und 84 Lehrlinge. Diese zwei Vereine zusammen umfassen aber einen großen Bruchtheil der Hutmacher in den Orten, wo sie vertreten sind. Jeder Lehrling muß sofort nach seinem Dienstantritt beim Secretär des Vereins angemeldet werden, und sein Name, Alter ꝛc. werden in die gedruckten Berichte desselben aufgenommen. Somit ist er halb Mitglied, noch ehe er ausgelernt hat, und sein späterer Eintritt ist fast selbstverständlich.

Der Verein der Eisen-, Stahl-, Zinnarbeiter (Amalgamated Association of Iron, Steel & Tin-Workers) hat sein Hauptquartier in Pittsburgh, dem Centrum der Eisenindustrie der Vereinigten Staaten. Der augenblickliche Verein existirt erst seit dem 4. August 1876; er entstand aus der Verbindung von drei Vereinen, nämlich den „Sons of Vulcan" (17. April 1858 entstanden), dem Associated Brotherhood of Iron and Steel heaters und dem Iron and Steel Rollhands Union (beide vom Jahre 1873). Dieser Verein ist ein nationaler, das heißt, er erstreckt sich nur über die Vereinigten Staaten und umfaßt etwa 120 Zweige, wovon 35 in Pittsburgh und der Umgegend sich befinden. Seine Mitgliederzahl wurde im Herbst 1878 vom Secretär als ungefähr 10 000 angegeben.

Die Aufnahmebedingungen sind sehr leicht: Es wird bloß verlangt, daß der Candidat von gutem Charakter sei, ordentlicher Arbeiter, über 18 und unter 100 Jahre alt sei. Die Eintrittsgebühr soll wenigstens $ 1.00 betragen. Das ganze Statut zeigt das Bestreben, die Mitgliederzahl auszudehnen und den Verein für einen Conflict mit den Arbeitgebern zu stärken.

Das zeigt auch die Eintheilung des Vereins in acht Districte, deren jeder sein District-executive-committee als Aufsichtsrath bei Arbeitsanstellungen 2c. hat. Der Hauptexecutiv-Beamter ist der Präsident, der außer seinen Reisekosten einen Gehalt von $ 1200 erhält, auf ein Jahr gewählt wird und ziemlich ausgedehnte Befugnisse besitzt. Seine Entscheidung von Verfassungsfragen kann nur durch ²⁄₃ Majorität der Delegatenversammlung geändert werden; er hat die Aufsicht über die Zweigvereine und darf sie mit Geldbußen bestrafen, wenn sie sich weigern, ihre Bücher vorzuzeigen; er erstattet halbjährlich an die Vereine einen Bericht über die Lohnverhältnisse, die Zahl der Unbeschäftigten und sonstige gewerkliche Sachen, sowie über die Finanzen, und leitet die Verhandlungen der jährlichen Delegatenversammlung; er ernennt endlich den Secretär. Er selbst steht unter der Aufsicht von drei Curatoren (Trustees) und muß eine Caution von $ 5000.00 für die ehrliche Verwaltung seines Amtes leisten. Die ganze Organisation ist eine viel festere, als die der bis jetzt beschriebenen Vereine und der Spielraum für die centrifugale Tendenz geringer. Für alle Localvereine besteht ein einziges vom Centralverein verfaßtes Statut. Die Autonomie erstreckt sich daher nur auf unwesentliche Sachen. Die Delegaten zur Convention erhalten ein Meilengeld von dem Centralverein und die Zurückerstattung ihrer Auslagen von dem sie schickenden Zweige.

Eine feste Einnahme hat der Verein nicht. Die vierteljährliche Taxe für die Bestreitung der gewöhnlichen Auslagen wird vom Präsidenten festgestellt; die Taxe für die Strikecasse beträgt 25 Cents monatlich pro Mitglied. Eine Versicherungs- oder Wohlthätigkeitscasse irgend einer Art besteht nicht. Nur im Nothfall soll die Lodge die Beerdigungskosten eines armen Mitglieds tragen.

Aus diesen Angaben geht hervor, daß dieser Verein vorzüglich auf die Behauptung der Interessen der Mitglieder ausgeht; sein Zweck ist, „durch Vereinbarung oder durch andere gerechte und gesetzliche Mittel, die Erlangung einer angemessenen Belohnung der Mitglieder für ihre Arbeit und der gegenseitige Schutz der Mitglieder gegen Contractbruch), anstößige Ordnungen, rechtswidrige

Entlassung und andere Arten von Ungerechtigkeit und Unterdrückung". Arbeitseinstellungen sind daher direct in Aussicht genommen. Es wird keine als rechtmäßig anerkannt, bis das Executiv-Comité des Districts, in dem der Strike stattfindet, die Umstände untersucht und an den Präsidenten Bericht erstattet hat. Ist der Strike in dieser Weise legalisirt, so erhalten die Ausstehenden $ 5.00 wöchentlich. Jeder District soll ferner einen festen Tarif für die Arbeit haben. Weigern sich die Fabricanten, einen zu vereinbaren, so werden die Arbeiter angewiesen, einen aufzuzeichnen und den Fabricanten zur Unterschrift vorzulegen. Wollen sie vor dem 1. Juni jedes Jahres den Tarif nicht anerkennen, so sollen alle betheiligten Arbeiter die Arbeit einstellen. Die ganze Tendenz des Vereins scheint nach diesen Regeln eine kriegerische zu sein. Seine Beamten erklären sich aber unbedingt als Gegner von Strikes und behaupten, die Wirkung des Vereins sei die Verhinderung derselben.

Einen der tüchtigsten und stärksten Vereine in der Eiseninustrie haben die Former. Ihr Verein heißt Iron moulders Union of North America; er umfaßt also Canada und die Vereinigten Staaten.

Gegründet wurde dieser Verein im Jahre 1859 durch die Verbindung einer Anzahl Localvereine, die bisher ganz von einander getrennt gewirkt hatten. William H. Sylvis war der Hauptleiter der Bewegung. Der bald folgende Ausbruch des Bürgerkrieges war dem Verein nachtheilig, und es wurden in den ersten Jahren nicht einmal regelmäßige Delegatenversammlungen gehalten. Im Jahre 1863 aber erhielt Sylvis die Präsidentschaft und seitdem setzt die Union ihre Thätigkeit ununterbrochen fort. Unter seiner sechsjährigen Verwaltung (er starb im Jahre 1869) gelangte die Verbindung zu großer Blüthe. Augenblicklich soll sie 12 000 Mitglieder zählen. Nach dem Bericht vom Juni 1878 gab es bloß 93 Zweige. Die Nummern laufen aber bis 238; so viele Zweige haben also im Ganzen schon existirt. -

Zur Aufnahme ist erforderlich, daß man vier Jahre im Gewerbe gearbeitet habe und fähig sei, den üblichen Lohnsatz zu erhalten. Die Eintrittsgebühr beträgt $ 3.00, früher $ 5.00.

Die ausführende Gewalt liegt in dem Präsidenten und einem Verwaltungsrath (executive board) von sieben Mitgliedern, der die wichtigeren Geschäftssachen entscheidet. Der Präsident allein hat aber weitgehende Befugnisse. Er darf einen Localverein suspendiren im Falle von statutwidrigen Handlungen; er bewilligt Freibriefe für neue Zweige, und Ausgaben dürfen nur mit seiner Einwilligung gemacht werden. Er ist Redacteur der Monatsschrift und bezieht einen Gehalt von $ 1600.00. Der Schatzmeister erhält ein Meilengeld und $ 4.00 den Tag für die auf die Conventionen verwandte Zeit; außerdem $ 400.00 jährlich. Er muß Caution im Betrage von $ 6000.00 leisten.

Die Delegaten versammeln sich alle zwei Jahre und erhalten $ 2.00 den Tag und ihr Fahrgeld. In der Zwischenzeit fungiren sie als Agenten des Centralvereins und müssen an den Präsidenten über die Zahl der aufgenommenen und ausgeschlossenen Mitglieder, über die Einnahmen und Ausgaben und über alle Angelegenheiten ihres Zweiges berichten. Verfassungsänderungen bedürfen immer $2/3$ Majorität. Zweigvereine machen sich ihre eignen Regeln, müssen sie aber vor dem Druck dem Präsidenten zur Genehmigung vorlegen.

Die regelmäßige Einnahme liefert ein Beitrag von 25 Cents monatlich pro Mitglied, der an den Schatzmeister geschickt werden muß. Außerdem bestimmt jeder einzelne Zweig die erforderliche Taxe zur Deckung seiner Ausgaben. Die gesammten, ordentlichen Ausgaben des Centralbüreau's für die zwei Jahre vom Juni 1876 bis Juni 1878 betrug $ 19.591.60, wovon $ 3.200 für Gehalt des Präsidenten, $ 4.690.10 für Druckkosten, $ 612,50 für Miethe 2c. ausgelegt wurden.

Für die Mildthätigkeit resp. das Unterstützungswesen ist dieser Verein viel thätiger, als die schon erwähnten. Bei jedem Todesfall werden $ 100.00 an die Wittwe oder die Erben des Verstorbenen ausgezahlt. Außerdem gibt es eine besondere Versicherungscasse (beneficial association), der die Mitglieder nach Belieben beitreten können. Die Eintrittsgebühr beträgt $ 2.00. Bei jedem Todesfall wird dann eine Beisteuer von 50 Cents pro Mitglied erhoben, wovon 45 Cents an die Hinterlassenen des Verstorbenen ausbezahlt werden. Dasselbe erhält ein arbeitsunfähig gewordenes Mitglied. Dieser Theil des Vereins scheint aber nicht viel zu leisten. In der Convention von 1878 beklagte sich der Präsident, daß die Mitglieder so wenig Interesse daran nähmen und in der That wurden in zwei Jahren nur vier Todesfälle unter den Cassenmitgliedern verzeichnet, die, nach den Beiträgen zu urtheilen, etwa 300 gezählt haben werden. Dagegen muß freilich in Erinnerung gebracht werden, daß Localvereine auf eigne Faust Geld für milde Zwecke ausgeben. In dem Zweige in New-York z. B. erhält jedes kranke Mitglied $ 5.00 die Woche.

Was Arbeitseinstellungen betrifft, so erklären sich die Former dagegen, wie die Mehrzahl der Gewerkvereine. Sie haben sogar einen ständigen Artikel in ihren Statuten, „daß Arbeitseinstellungen unserm Vereine nicht vortheilhaft sind, und daß es in unserm Interesse liegen würde, ihnen so viel als möglich auszuweichen und nicht eher zu ihnen unsere Zuflucht zu nehmen, als bis alle uns zur Verfügung stehenden Mittel erschöpft sind". Als Vorsichtsmaßregel ist ferner im Statut bestimmt, daß kein Zweig, der die Arbeit einstellt, auf Unterstützung rechnen darf, bis $2/3$ seiner Mitglieder dafür gestimmt haben, und bis ferner die Zustimmung der übrigen Zweige erlangt ist. Sie geben dabei jeder so viele Stimmen ab, als ihnen in der Convention zukommen; $2/3$ sämmtlicher Stimmen müssen die Arbeitseinstellung billigen. Die Wirksamkeit dieser Vorschrift zeigt sich darin, daß in den Jahren 1876—78 von 20 eingegangenen Gesuchen nur fünf bewilligt wurden. Die Kosten sind aber doch nicht gering. Die ledigen Mitglieder bekommen $ 5.00 wöchentlich, die verheiratheten und diejenigen, die ihre Angehörigen zu unterstützen haben, bekommen $ 7.00. Die Gesammtausgaben für Strikes während dieser Periode waren $ 15.068.65. Früher hatte der Verein einen Satz in seinem Statut, der für die Einrichtung von Schiedsgerichten in Streitfällen Sorge trug. Dieser Satz wurde aber in der Delegatenversammlung von 1878 als überflüssig gestrichen. Die Fabricanten wollten sich nicht darauf einlassen, sagte mir der Secretär, und daher fiel der Plan durch. Gegen die Concurrenz zwischen Mitgliedern hat der Verein strenge Vorschriften. Er versucht womöglich die Zahl der Lehrlinge auf einen für acht Arbeiter zu beschränken; es ist nicht einmal einem Mitglied erlaubt, seinen eignen Sohn im Gewerbe zu unterrichten. Kein Mitglied, das stückweise arbeitet, darf einen Gehülfen haben; auf Contract zu arbeiten, ist ganz untersagt.

Der Verein der Maschinenbauer wurde zuerst am 2. März 1859 gebildet und zwar mit dem Namen „Machinists & Blacksmiths Union of North America". Damals umfaßte er die Gewerbe der Maschinenbauer und Schmiede. Am 19. Sept. 1877 wurden noch die Kesselmacher und Modellmacher hinzugenommen und der ganze Verein unter dem Namen „Mechanical Engineers of North America" umgestaltet. Der Verein ist, wie die meisten andern, augenblicklich nicht mehr so blühend, wie früher. Seine sehr tüchtige Monatsschrift, die sich viel mit wissenschaftlichen und technischen Fragen beschäftigte, ist jetzt seit 1877 eingestellt und durch ein kleines, nur für die Mitglieder bestimmtes Blatt, ersetzt. Die Mitgliederzahl ist von 18 000 im Jahre 1872 auf gegen 5000 zusammengeschrumpft, die Zahl der Zweigvereine, unter denen auch Deutschredende sich finden, von 196 auf 78.

Die Aufnahmebedingungen sind ziemlich streng. Der Candidat muß drei Jahre lang in seinem Gewerbe gearbeitet haben, gesund sein und den „Ruf haben, eine ordentliche Tagesarbeit zu leisten". Die Eintrittsgebühr darf nicht weniger als $ 3.00 sein; sonst bestimmt jeder Localverein die seinige. Kränkliche Personen oder solche, die das 55. Jahr überschritten haben, werden aufgenommen, aber ohne Anrecht an die Krankencasse: dafür bezahlen sie monatlich 25 Cents weniger, als die übrigen Mitglieder. Ein mit einer Reisekarte versehenes Mitglied eines Zweiges oder „Council." (wie die Zweige hier genannt werden) wird mit bloßer Stimmenmehrheit in eine andere Loge aufgenommen.

Der Schwerpunkt der Macht des Vereins liegt in einer Delegatenversammlung (in diesem Falle Central Council genannt), in der die Logen nach Maßgabe ihrer Zahl vertreten sind. Zweigvereine von weniger als 150 Mitgliedern haben einen Vertreter; auf je 100 Mitglieder darüber kommt dann ein Abgeordneter hinzu. Der Central Council tritt alle zwei Jahre zusammen und beschließt die nothwendigen allgemeinen Gesetze. Die Ausführung in der Zwischenzeit liegt hauptsächlich in den Händen des Präsidenten und des Schatzmeisters. Beide müssen eine Caution im Betrage von $ 1500.00 leisten und beide bekommen eine Vergütung, der Präsident $ 500.00 jährlich, der Schatzmeister 5 % aller Einnahmen. Die Befugnisse des Präsidenten sind weit und seine Macht so groß, wie in wohl keinem ähnlichen Verein. Er hat nicht bloß die gewöhnlichen Pflichten eines Vorsitzenden, er ist auch ex officio Mitglied sämmtlicher Ausschüsse und Präsident der Versicherungscasse. Er gibt das Geld aus, er bewilligt die Freibriefe neuer Zweigvereine, er besetzt erledigte Beamtenstellen und darf, wenn ein Beamter drei Monate lang seine Pflicht vernachlässigt, seine Stelle für erledigt erklären; er entscheidet Verfassungsfragen; ferner ernennt er in jedem Zweigverein einen Vertreter (Deputy), der darauf achtet, daß die Verfassung und das Statut ordentlich ausgeführt werden. Diese Einrichtung ist ebenso wichtig wie eigenthümlich. Sie ist bezeichnend für die stark centralisirte Verwaltung dieses Vereins. Dieser Bevollmächtigte hat etwaige Verletzungen des Statuts Seitens eines Zweigvereins dem Präsidenten anzuzeigen, und wenn ein neuer Verein gebildet werden soll, wird er zur Organisation desselben vom Präsidenten bestellt.

Von einem Spruch des Deputirten wird an den Präsidenten appellirt, von seiner Entscheidung an den Aufsichtsrath, den sogenannten Executive Board. Dieser Rath hat die allgemeine Ueberwachung der Finanzen; er besichtigt die Rechnungen des Schatzmeisters und empfängt die von ihm geleistete Caution.

Außerdem sitzt er als Gericht und entscheidet Streitsachen zwischen den Zweigvereinen und den Centralbeamten, sowie Verfassungsfragen überhaupt. Für außerordentliche Sachen, wie z. B. im Falle von Veruntreuungen Seitens der Beamten, darf dieser Rath an sämmtliche Zweigvereine den Antrag auf Zusammenberufung einer außerordentlichen Convention stellen, und falls eine Mehrzahl dafür stimmt, eine solche anordnen. Die Mitglieder des Raths erhalten als Gage ihr Fahrgeld und $ 5.00 den Tag für die, wegen ihrer jährlich stattfindenden Versammlungen, verlorene Zeit.

Seine regelmäßige Einnahme bezieht der Centralverein durch eine Taxe von 40 Cents halbjährlich. Außerdem wird von jeder Eintrittsgebühr $ 1.00 an die Centralcasse geschickt, und für den Freibrief eines neuen Subordinate council $ 15.00 entrichtet. Jeder Zweigverein bestimmt seine monatliche Taxe, die wenigstens 50 Cents betragen muß. Wenn ein Mitglied zwei Monate in Verzug ist, so wird es von der Unterstützungscasse ausgeschlossen; ist es sechs Monate in Verzug, so wird es vom Verein ausgeschlossen, außer wenn besondere mildernde Umstände vorhanden sind.

Die Versicherungscasse bildet einen besondern Verein innerhalb des großen Vereins. Ihre Einrichtung ist höchst einfach. Jedes neu aufzunehmende Mitglied muß ein Gesundheitszeugniß von einem Arzte bringen und ein Eintrittsgeld von $ 2.50, ohne Rücksicht auf das Alter, erlegen. Bei jedem Todesfalle wird von jedem Mitglied ein Beitrag von $ 1.00 bis 1.75 erhoben. Die zu entrichtende Summe richtet sich nach dem Alter beim Eintritt. Ein unter 40 Jahren Eintretender trägt $ 1.00 bei; unter 45 Jahren $ 1.25, unter 50 Jahren $ 1.50 und über 50 Jahre $ 1.75. Der Maximalbetrag der an die Versicherten ausgezahlten Summe ist $ 1500.00. Ein Theil der Beiträge der Mitglieder soll als Fonds für die Altersschwachen auf Zinsen gelegt werden. Um hiervon etwas zu erhalten, muß der Betreffende 50 Jahre alt und unfähig sein, die gewöhnliche Löhnung zu verdienen und wenigstens 15 Jahre lang Mitglied der Casse gewesen sein. In diesem Falle erhält er $ 8.00 monatlich auf Lebenszeit. Ist er 25 Jahre Mitglied gewesen, so erhält er $ 9.00; $ 10.10 wenn er 30 Jahre Mitglied gewesen ist. Die Krankenunterstützung wird von den einzelnen Localvereinen geleistet. Wer durch Krankheit oder Unfall arbeitsunfähig geworden ist, bekommt höchstens $ 5.00 wöchentlich auf 26 Wochen und mindestens $ 1 während seines Unwohlseins. Keiner hat Anspruch auf Unterstützung, dessen Krankheit weniger als 14 Tage dauert, und wenn er sich im trunkenen Zustande sehen läßt, so wird er aller fernern Unterstützung während dieser Krankheit verlustig.

Die Zwecke des Vereins werden im Statut mit folgenden Worten ausgedrückt: „Da es auch dem oberflächlichen Beobachter augenscheinlich ist, daß alle, oder fast alle mechanischen Gewerbe in diesem Lande in rascher Entartung begriffen sind und da dies besonders der Fall ist bei den Gewerben, die in diesem Verein vertreten werden sollen, so wird es unsere heilige Pflicht, als Arbeiter mit gemeinsamen Interessen, als Häupter von Familien, die auf unsere Arbeit für ihren Unterhalt angewiesen sind, die Ursachen des Darniederliegens unserer Gewerbe zu erforschen und die Mittel ausfindig zu machen, welche nothwendig sind, um ihr ferneres Sinken zu hindern und sie womöglich auf die Stufe zu heben, zu der ihre Wichtigkeit für die Gesammtheit sie berechtigt. Und in Gemäßheit des Grundsatzes „Selbsterhaltung ist das erste Naturgesetz", indem wir Gott als Zeugen für die Aufrichtigkeit unserer Absichten anrufen, verpflichten wir, deren Namen hierunter stehen, uns, alle passenden und ehrenhaften Mittel zu gebrauchen, um das durch diese Verbindung bezweckte Ziel zu erreichen."

Die angewendeten Mittel scheinen nun in der Hauptsache friedliche zu sein: die Unterstützung von Kranken und Beschäftigung von Arbeitslosen. Ein Versuch, die Lehrlingsverhältnisse zu regeln, wird nicht gemacht, obwohl einflußreiche Mitglieder eine solche Regelung als wünschenswerth ansehen, auch werden für Arbeitseinstellungen keine Vorkehrungen im Statut getroffen; die ganze Politik des Vereins ist dagegen. „Wir erklären hierdurch der Welt," heißt es in der Einleitung zum Statut, „daß, weit davon entfernt, Feindseligkeit gegen die Arbeitgeber zu begünstigen, alle ordentlich eingerichteten Zweigvereine eine Gemeinsamkeit der Interessen zwischen Arbeitgeber und Arbeitnehmer anerkennen und wir geben weder Vorschub, noch Unterstützung irgend einem Plane oder Unternehmen, welches das vollkommene Einverständniß zwischen ihnen stören wird." In der Praxis scheint der Verein diese Grundsätze auch ziemlich gut ausgeführt zu haben. Einer, der lange Jahre Präsident gewesen war, sagte mir, es hätte unter seiner Verwaltung bloß drei ordentlich geführte Strikes von Wichtigkeit gegeben und diese seien alle zu Gunsten der Arbeiter ausgefallen.

Der in Europa meist bekannte unter den amerikanischen Gewerkvereinen ist wohl die Brüderschaft der Locomotivführer. Sie scheint nicht nur bekannt zu sein, sondern bei dem wohlmeinenden aber unkritischen „Staats-Socialisten" auch Bewunderung zu erregen, besonders durch ihre frommen Sprüche und durch ihre Benutzung der Bibel als Insignie ihres höchsten Beamten. Durch den Staats-Socialist hat die Brüderschaft die Aufmerksamkeit von Emil de Laveleye auf sich gezogen und damit zugleich eine schmeichelnde Lobrede in der Revue des deux mondes erhalten[1]). Dort wird neben ihrer Frömmigkeit und Mäßigkeit auch ihre gänzliche Enthaltsamkeit von Arbeitseinstellungen sehr gepriesen und schließlich das Endurtheil ausgesprochen: „Les conducteurs, le public et les compagnies elles-mêmes n'ont qu'à se féliciter de ces heureux résultats et il serait désirable qu'il se fondât des sociétés semblables dans tous les métiers."

Wenn wir nun die Thatsachen betrachten, so stellt es sich heraus, daß unter die Wohlthaten, deren sich das Publicum erfreut, solche Fälle zu rechnen sind, wie vor einigen Jahren die Einstellung der Arbeit auf einer ganzen Bahn um Mitternacht. Gleichgültig, wo er sich befand, sobald es zwölf schlug, ließ der Locomotivführer seinen Zug anhalten und ging dann ruhig seinen Weg. Und das ist nicht einmal, sondern wiederholt vorgekommen, bis die Compagnien energische Schritte gegen die ganze Brüderschaft ergriffen. In Bezug auf Strikes ist der Verein also nicht ganz so musterhaft, wie in Europa geglaubt wird, und wenn er in den letzten Jahren an wenigen Theil genommen hat, so ist das vielleicht theilweise seinen Principien zuzuschreiben, theilweise aber auch der großen Schwächung des Vereins durch die Geschäftskrisis, durch den Widerstand der Eisenbahnen und durch die Unterschlagung von $ 15,000 Seitens seines Schatzmeisters.

---

[1]) Revue des deux mondes, vom 1. Febr. 1879, S. 679.

Was endlich die Frömmigkeit betrifft, so ist sie allerdings vorhanden, scheint aber keinen sehr günstigen Einfluß auf das Leben gehabt zu haben. Der Präsident des Vereins wird nicht nur in der Presse als im höchsten Grade rücksichtslos und selbstsüchtig betrachtet; einer seiner eigenen Mitbürger, der alle Gelegenheit hatte, ihn richtig zu beurtheilen, sagte mir, er würde seinem Worte nicht einmal unter Eid glauben. Durch die Anführung dieser individuellen Meinung soll natürlich weder der Mann, noch der ganze Verein verdammt werden; es soll aber gezeigt werden, daß man sich wohl hüten muß, auf Wahlsprüche und Principien zu sehen, ohne auch die Ausführung im Leben zu kennen.

Gegründet wurde der Verein am 17. August 1863 in Detroit, mit dem Namen „Brotherhood of the foot-board". Ein Jahr später (am 17. August 1864) wurde er reorganisirt und erhielt seinen jetzigen Namen Brotherhood of Locomotive Engineers. Seine Zweige erstrecken sich über die ganzen Vereinigten Staaten bis Californien im Westen und Texas im Süden und außerdem über Canada. Der internationale Verein wurde aber nicht durch Verschmelzung der Localvereine gebildet, sondern umgekehrt, die Mehrzahl der letzteren traten ins Leben als Theile der großen Verbindung. Der älteste derselben wurde nur vier Monate vor dem Centralverein gegründet, der ursprünglich aus zwölf Zweigvereinen bestand. Die Zahl stieg aber innerhalb des ersten Jahres auf 42 und beträgt gegenwärtig zwischen 150 und 160. Es haben seit 1865 im Ganzen 191 Zweigvereine der Brüderschaft angehört. Die Geschäftskrisis von 1873 und andere Ursachen haben dem Verein geschadet und seine Mitgliederschaft gemindert. Gegenwärtig wird sie auf ungefähr 8000 geschätzt. Die Hauptquartiere des Vereins sind in Cleveland, wo auch seine Monatsschrift (gegen 3 Bogen stark) herausgegeben wird. Mit der Brüderschaft ist eine Lebens-Assecuranz-Gesellschaft verbunden. Sie wurde organisirt am 5. Dec. 1867 mit ungefähr 1100 Mitgliedern, deren Zahl bis über 3000 stieg. In letzter Zeit hat aber die Zahl wieder abgenommen in Folge der schon erwähnten Unterschlagung, und sie beträgt augenblicklich etwas über 1800. Sie soll seit ihrer Entstehung über $ 1,000,000.00 ausbezahlt haben.

Als Bedingungen für die Aufnahme in die Brüderschaft werden verlangt: Alter von 21 Jahren und Erfahrung von einem Jahre als Locomotivführer. Der Candidat muß ferner weißer Farbe sein, lesen und schreiben können und sich mäßig und sittlich in seinem Lebenswandel betragen. Sein Gesuch um Aufnahme muß von drei Mitgliedern des Zweigvereins unterschrieben, in einer regelmäßigen Versammlung desselben und mit der Eintrittsgebühr von $ 10.00 eingereicht werden. Es wird sodann ein Comité ernannt, um seine Ansprüche zu untersuchen und erst in der folgenden regelmäßigen Versammlung darf über ihn abgestimmt werden. Zwei Stimmen schließen aus. Es wird also darauf hingestrebt, möglichst tüchtige und ehrenhafte Mitglieder zu bekommen. Wegen Nichtzahlung der Taxe, Trunksucht, Theilnahme an einem Liqueurgeschäft und anderer Vergehen wird ein Mitglied nach Untersuchung bestraft, und zwar mit Tadel, Verweis, zeitweisem Ausschluß vom Verein oder gänzlicher Ausstoßung.

Die Verwaltung trennt sich naturgemäß in locale und centrale. Jede Loge beschließt über ihre eigenen Angelegenheiten, und wählt ihre eigenen Beamten unter einer für alle gleichmäßigen Verfassung. Ueber Sachen von allgemeiner Bedeutung beschließt eine Delegirtenversammlung, aus einem Vertreter jedes

Zweigvereins bestehend, die sogenannte Grand International Division. Diese Versammlung tritt jährlich im October zusammen, erläßt die nothwendigen Gesetze und wählt die Beamten. Diese bestehen aus einem Grand Chief Engineer (dem Vorsteher der ganzen Gesellschaft), aus zwei Grand Engineers, drei Grand Assistant Engineers, einem Grand Guide und einem Grand Chaplain. Nur (etwas freimaurerisch aussehenden) Ceremonien werden von den zwei letzteren Beamten besorgt; die geschäftliche Thätigkeit liegt in den Händen des G. C. E., des ersten G. E. und des ersten G. A. E., die alle auf drei Jahre gewählt werden, die Uebrigen nur auf eins. Der erste G. A. E. fungirt als Secretär. Der erste G. E. ist Gehülfe und Stellvertreter des G. C. I. Alle drei beziehen einen Gehalt und widmen ihre ganze Zeit den Geschäften des Vereins; sie handhaben die Correspondenz, geben das Monatsblatt heraus und besorgen alle nothwendigen Büreaugeschäfte. Außerdem hat der G. C. I. eine ziemlich ausgedehnte Macht sogar den Delegirten gegenüber. Er eröffnet die Versammlung mit einer Art Thronrede (Message), in der er seine Vorschläge macht; in Fällen von Stimmengleichheit gibt er die Entscheidung. Er ernennt die fünf stehenden Ausschüsse; über Streitigkeiten zwischen Zweigvereinen fällt er sein Urtheil, das maßgebend ist bis die Grand International Division mit zwei Drittel Stimmenmehrheit anders beschließt. Er darf auch, mit Einwilligung einer Mehrheit der Beamten, außerordentliche Versammlungen berufen und überwacht die Geschäfte der Versicherungscasse. Entstehen Streitigkeiten zwischen Mitgliedern der Brüderschaft und ihren Arbeitgebern, so sind sie verpflichtet, zuerst alle möglichen Versöhnungsversuche zu machen, dann aber den G. C. I. anzurufen, der sogleich herbeieilen muß und seinen Einfluß geltend machen, um den Streit beizulegen. Für seine Mühe erhält er $ 2500.00 jährlich; der G. E. $ 2000.00.

Die Einnahme des Vereins wird von einer jährlich zu bestimmenden Taxe, augenblicklich $ 5.00, auf sämmtliche Mitglieder der Brüderschaft bezogen. Die Versicherungscasse, die mit der Brüderschaft verbunden ist, ist höchst einfacher Art. Jedes Mitglied, das seinen Verpflichtungen nachgekommen ist und keine körperlichen Gebrechen hat, darf daran Theil nehmen. Die Eintrittsgebühr beträgt $ 3.00 bis $ 10.00 je nach dem Alter; um die Assecuranz-Prämie herzustellen, wird bei jedem Todesfall von jedem Mitgliede 1 Dollar beigetragen. Der etwaige Ueberschuß über $ 3000.00 wird dazu verwendet, die Empfänger der zu gering ausgefallenen Prämien zu entschädigen. Die letzteren Prämien haben aber im Durchschnitt nur gegen $ 1800.00 betragen.

Die Zwecke des Vereins werden im Statut sehr allgemein angegeben als „die wirksamere Verbindung der Interessen der Mitglieder, die Hebung ihrer Stellung als Locomotivführer und ihres Charakters als Menschen". Die Versicherung ist bloß Nebenzweck; eine Regelung des Lehrlingswesens ist durch die Natur des Gewerbes ausgeschlossen. Die Hauptsache ist also die allgemeine Cultur und die Erzielung von günstigeren Lohnbedingungen. Officiell mißbilligt der Verein Arbeitseinstellungen; selbst das Wort wird im Statut gar nicht gebraucht und der Präsident schreibt mir: „Während es in einigen Fällen nothwendig sein kann, zu Arbeitseinstellungen Zuflucht zu nehmen, belehrt mich doch meine Erfahrung, daß sie den besten Interessen, sowohl der Arbeiter, als auch der Arbeitgeber schädlich sind." Wir haben gesehen, daß die Praxis sie nicht so unbedingt verwirft und im Jahre 1877 wurden die Clauseln, welche für Schiedsgerichte Fürsorge trafen, aus der Verfassung entfernt, so daß dieses wichtige Gegenmittel gegen Strikes jetzt abgeschafft ist. Es ist aber nur gerecht, zu sagen, daß diese Aenderung gemacht wurde angeblich, weil sich die Gesellschaften weigerten, an Schiedsgerichten Theil zu nehmen, und daß die Vorwürfe, die dem Verein einst gemacht wurden, den großen Eisenbahnstrike von 1877 angestiftet zu haben, sich in der officiellen Untersuchung nicht bestätigt haben. Was auch seine Mitglieder und besonders sein Präsident im Stillen gemacht haben mögen, der Verein als solcher hat sich von der Bewegung fern gehalten.

Dem Verein der Locomotivführer nahe verwandt, obgleich zehn Jahre jünger, ist der Verein der Locomotivheizer (Brotherhood of Locomotive Firemen).

Er wurde am 1. Dec. 1873 gegründet und ist bei Weitem nicht so stark, als sein Vorbild. Er entstand überhaupt in einer unglücklichen Zeit, gerade nach der großen Geschäftskrisis, und während er ursprünglich 105 Logen mit einer Mitgliederschaft von 4500 zählte, hat er jetzt bloß 80 Logen mit etwa 4000 Mitgliedern. Früher bestand noch ein Verein der Locomotivheizer mit dem Namen International Firemen's Union. Im Laufe des verflossenen Jahres hat sie sich aber mit der Brüderschaft verschmolzen. In seinen allgemeinen Zügen ist dieser Verein ganz nach dem Muster der Brüderschaft der Locomotivführer gebildet. Zur Aufnahme wird eine einjährige Probezeit als Heizer und Unbescholtenheit des Charakters verlangt.

Wenn ein Mitglied in irgend einer Weise mit dem Verkauf von geistigen Getränken verbunden ist, verliert es alle Rechte in dem Verein. Die Strafen werden im Monatsblatt veröffentlicht.

Die Aufnahmegebühr in den Localvereinen beträgt $ 5.00, wovon $ 1.00 in die Generalcasse fließt. Die jährlichen Taxen sind $ 6.00 für den Localverein und $ 1.00 für den Centralverein.

Die wichtigste Abweichung von der Brüderschaft der Locomotivführer besteht in der Einrichtung der Kranken= und Lebens=Versicherungscasse, die nicht getrennt und freiwillig ist, wie in den meisten amerikanischen Vereinen, sondern ein Theil des Vereins selber und alle Mitglieder gleich berechtigt und verpflichtet. Bei jedem Todesfall entrichtet jedes Mitglied des Vereins eine Beisteuer von 50 Cents, wovon die eine Hälfte an die Hinterbliebenen geht, die andere Hälfte zurückgelegt wird. Wenn ein Mitglied ganz und gar arbeitsunfähig wird, so erhält er dieselbe Summe. Ist er bloß zeitweise erkrankt, oder sonst unfähig zu arbeiten, so erhält er $ 2.00 die Woche. Er muß aber sechs Monate lang Mitglied gewesen sein. Das Stipend fängt mit der dritten Woche seiner Krankheit an und dauert zwölf Wochen. Kranke werden von den andern Mitgliedern besucht, und im Nothfall werden die Beerdigungskosten eines Gestorbenen vorgeschossen.

In Bezug auf Strikes stehen keine Vorschriften in dem gedruckten Statut. Es gibt aber ein Beschwerde=Comité (Grievance Committee), welches bei Streitigkeiten zwischen Heizern und Eisenbahnen eintreten und eine Versöhnung herbeizuführen suchen soll. Ueber die Thätigkeit dieses Comité's liegen keine genauen Angaben vor. Der Secretär sagt, sie hätten 25 Fälle durch Schiedsgerichte beigelegt, wo ein Strike stattgefunden habe, und der Verein rühmt sich (ob mit Recht oder nicht lasse ich dahin gestellt), die Interessen der Bahnen eben=

sosehr, wie die eignen zu wahren. Im Statut wird vorgeschrieben: „Sollte irgend ein Bruder seine Pflicht vernachläſſigen oder das Eigenthum seines Herrn beschädigen, oder das Leben von Menschen in Gefahr bringen, muthwillig, wenn unter dem Einfluß von geiſtigen Getränken, oder ſonſt", so soll eine Unterſuchung darüber ſtattfinden.

Der Verein gibt eine ganz lesbare Monatsſchrift heraus, die neben amtlichen Bekanntmachungen und Vereinsſachen auch Gedichte, kurze Geſchichten ꝛc. enthält. Sein Wahlspruch iſt „Benevolence, Sobriety, Industry"; Wohlthätigkeit, Nüchternheit, Fleiß.

In ſeinem ganzen Geiſte verſchieden von den bis jetzt beschriebenen Vereinen iſt der Verein der Cigarrenmacher. Unſere Cigarrenmacher ſind vielfach Deutſche. Nach der Volkszählung von 1870 waren faſt ein Drittel der ganzen Zahl (9.292 gegen 28.286) deutscher Geburt. Wo ſich aber Deutſche in großer Zahl finden, besonders Deutſche von niedriger Cultur, da findet ſich auch der Socialismus. Der Cigarrenmacher-Verein iſt nun zwar officiell weder deutſch, noch socialiſtiſch; ſein Präſident iſt aber ein Deutſcher, in ſeinem Monatshefte erſcheinen oftmals deutsche Briefe und die ganze Tendenz des Vereins iſt radical und unruhig. Mit europäischen Vereinen ſteht er in keiner directen Verbindung, wohl aber in Beziehungen von Freundschaft und gegenseitiger Unterſtützung.

Gegründet wurde der Verein, als nationaler, am 21. Juni 1864. Später erſtreckte er ſich auch über Canada und heißt alſo jetzt „Cigarmakers International Union of America". Er hat gegenwärtig 56 Zweigvereine; die Mitgliederzahl weigerte ſich der Präſident anzugeben, weil es die Politik des Vereins iſt ſeine Macht zu verheimlichen.

Im Jahre 1875 beschloß man, ungelernte Arbeiter in den Verein aufzunehmen. Aufnahmebedingungen gibt es alſo eigentlich keine. Das Statut ſchreibt ſogar vor, es ſolle Niemand wegen Geſchlecht oder Arbeitsmethode ausgeſchloſſen werden.

Die Verwaltung bietet nichts Eigenthümliches, außer daß der Schatzmeister und die zwei Curatoren vom Verein des Vororts gewählt werden, der Präſident und die übrigen Beamten von der alle zwei Jahre tagenden Delegirtenverſammlung.

Der Gehalt des Präſidenten iſt $ 250.00 jährlich, die regelmäßige Steuer 60 Cents.

Strikes werden in ſo fern controllirt, als jeder, an dem mehr als 50 Arbeiter Theil nehmen, die Zuſtimmung des Präſidenten und des Verwaltungsraths haben muß, die auch berechtigt ſind, eine außerordentliche Taxe für die Unterſtützung derſelben umzulegen. Der Verein führt aber eine beſtändige Agitation für die Kürzung der Arbeitszeit, die Einführung des achtſtündigen Arbeitstages und die Abſchaffung der „Tenementhäuſer", d. h. der großen Barracken, in denen ganze Familien in den engſten Quartieren wohnen, ſchlafen und arbeiten. Unterſtützungscaſſen irgend welcher Art beſtehen in dem Cigarrenmacher-Vereine nicht. Er gibt aber ein kleines Monatsblatt heraus und sucht durch Vorträge, Lectüre und Reden die Bildung zu begünſtigen, denn „die Unwiſſenheit, heißt es im Statut, iſt die Quelle alles Irrthums und nur dadurch, daß wir intelligent werden, können wir hoffen, das zukünftige Unglück abzuwehren".

Ein schlagendes Beispiel des raschen Wachsthums, ohne eigentliche Kraft, bietet der Verein der Schuhmacher, die sogenannten „Knights of St. Crispin". Vor einigen Jahren galt er als einer der mächtigsten unserer Gewerkvereine und ist meines Wissens der einzige, dessen Geschichte schon geschrieben worden ist[1]). Jetzt fristet er ein elendes Leben ohne Einfluß und ohne Ansehen. Im Laufe von wenigen Jahren ist er zu großer Macht gestiegen, dann gänzlich ausgestorben; wieder reorganisirt ist er seit zwei Jahren wieder in rascher Abnahme begriffen und der Gründer desselben schreibt, er glaube nicht, daß der Verein sich je wieder emporschwingen werde. Die Schuhmacherei, müssen wir vorausschicken, ist in Amerika wohl mehr, als in irgend einem andern Lande, von dem Gebiete des Kleingewerbes in das der Großindustrie übergegangen. Es zeigt sich schon in der Vertheilung der Schuhmacher, daß nicht so viel für den localen, als für den allgemeinen Markt gearbeitet wird, und daß daher die Industrie im Großen betrieben wird. So finden sich nach der Volkszählung von 1870 von 171,127 Stiefel- und Schuhmachern in den ganzen Vereinigten Staaten, 48,255 in dem Staate Massachusetts, 24,309 in New-York und 19,631 in Pennsylvania; also in diesen drei Staaten allein rund 53%. Die Bevölkerung derselben Staaten war aber 9,362,061 gegen 38,115,641 in den Vereinigten Staaten, also rund 24%. Oder wenn wir den Staat Massachusetts allein betrachten, so lieferte er rund 28% der Schuster und weniger als 4% der Bevölkerung. Die bedeutenden Erfindungen in diesem Zweige machen aber große Fabriken technisch nothwendig. Durch die Einführung von Maschinen und die sie begleitende Arbeitstheilung ist es dahin gekommen, daß nicht weniger als 64 verschiedene Zweige sich in der Anfertigung unserer Fußbekleidung vereinigen[2]). Bedenken wir nun, daß in der Statistik über Wollspinnerei in Massachusetts bloß 35 Zweige angeführt werden, in der Baumwollenspinnerei 29, in der Clavierfabrication 14, so sieht man, wie ungeheuer beschränkt die Geschicklichkeit eines Schuhmachers jetzt sein muß, wie leicht die Erlernung eines einzigen Handgriffs ist, wie schwer andererseits es für einen so Beschäftigten sein muß fortzukommen, wenn gerade für seine besonderen Dienste keine Nachfrage besteht.

Seine Stellung wird dadurch eine höchst precäre. Eine andere Eigenthümlichkeit dieser Industrie, die für einen Arbeiter niederen Grades höchst verderblich ist, ist die Arbeit nach „Seasons". Es wird nicht das ganze Jahr ununterbrochen fabricirt, sondern die ganze Arbeit geschieht in zwei Stößen. Somit wird im ganzen Jahre vielleicht im Durchschnitt nur $9\frac{1}{2}$ Monate gearbeitet; manchmal noch weniger[3]). Dies verursacht Noth und Unzufriedenheit; es ist also nicht zu wundern, daß ein Verein, der dem Schuhmacher größere Controlle über die Arbeitsbedingungen geben sollte, vor Allem ihn vor der Concurrenz der großen Masse ungelernter Arbeiter, die so leicht bei den Maschinen eine Anstellung finden, schützen sollte, großen Anklang fand.

Die erste Anregung zu dem Vereine der Ritter des heiligen Crispin kam im Jahre 1864 von Newell Daniels, der damals in Milford (Mass.) wohnte. Er zog aber nach dem Westen, ehe eine Organisation zu Stande gebracht wurde,

---

[1]) Eighth Annual Report of the Bureau of Statistics of Labor of Massachusetts. 1877.
[2]) Report of the Bureau of Labor Statistics of Mass. 1876. p. 11.
[3]) Report of Bureau of Labor Statistics, Mass. 1871. p. 242.

und erst im März 1867 gründete er in Milwaukee die erste Loge der Knights of St. Crispin. Im März des folgenden Jahres wurde die erste Loge in Massachusetts gegründet. Am 23. April 1869 kam die Internationale Loge auf einem Congreß in Worcester (Mass.) zu Stande. Das Hauptziel des Vereins war von vorn herein die Regelung der Lohnverhältnisse und die Beschränkung der Arbeiterzahl. Etwas ganz Eigenthümliches und dem Mißbrauch besonders Zugängliches war die Aufstellung von Beschwerdegründen oder „Grievances". Man unterschied nämlich bei der Entlassung eines Mitgliedes drei Fälle, in denen eine Beschwerde berechtigt war; nämlich seine Entlassung,

1) weil er neue Arbeiter zu unterrichten sich weigerte,
2) weil er dem Verein angehörte,
3) weil er sich bei der Gründung neuer Logen oder der Verbreitung der Crispin-Grundsätze auszeichnete.

Entstand eine Grievance in einer Loge, so mußten die zwei nächstgelegenen Logen mit ihr einen Ausschuß wählen, um die Sache zu untersuchen und womöglich eine Verständigung herbeizuführen. Gelang dies nicht, so wurde die Großloge des Staates angerufen und im Nothfalle die Internationale Loge. Es läßt sich leicht einsehen, wie die Ausführung einer solchen Bestimmung wirken mußte. In jeder Entlassung wurde Grund der Beschwerde gesehn, eine Untersuchung mußte stattfinden und die Fabricanten fanden sich fortwährend gereizt und in ihrem Geschäfte gestört durch diese Eingriffe in die Führung ihrer eigenen Angelegenheiten. Eine kurze Geschichte des Vereins in Lynn, dem Mittelpunkt der Schuhindustrie in Massachusetts, wird anschaulich zeigen, wie die Ueberschätzung ihrer Macht Seitens der Arbeiter und die höchst angespannte Concurrenz der Fabricanten zusammenwirkten, um den Verein zu Grunde zu richten. Einige Fabricanten, die ihre Arbeiter in billiger und versöhnender Weise zu behandeln wünschten, kamen im Juli 1870 mit einem Comité der Crispins zusammen und vereinbarten nach langer Debatte einen Lohntarif. Die Fabricanten handelten zwar auf eigene Faust, ohne Mandat von ihren Genossen, aber der Tarif wurde allgemein anerkannt und im folgenden Jahre ein zweiter, ebenfalls auf die Dauer eines Jahres beschränkt, gebildet. Während dieser Zeit jedoch zeigte sich Unzufriedenheit auf beiden Seiten. Es scheinen hier viele Gründe zusammengewirkt zu haben: einmal standen die Besonnenen unter den Schuhmachern nicht mehr an der Spitze des Vereins, ihre Führer waren übermüthig und radical; die Fabricanten andererseits waren dem Verein nie hold gewesen, und ihre Concurrenz unter einander hatte sie dazu gebracht, Contracte für einen Preis anzunehmen, der das Fortbestehen des Tarifs unmöglich machte. Als sie im Juni 1872 aufgefordert wurden, wieder einen Ausschuß zur Regelung der Lohnverhältnisse zu ernennen, nahmen sie keine Rücksicht darauf. Anfang Juli kündigten einige der großen Firmen eine Lohnherabsetzung an. Die Folge war eine große Aufregung unter den Crispins und eine Arbeitseinstellung in 35 Werkstätten. Es war aber nicht eine reine Lohnfrage, um die es sich handelte, sondern die Fabricanten hatten sich vorgenommen, den Verein zu vernichten. Fünfzig derselben kamen zusammen und entschlossen sich, keine Crispins mehr nach dem 10. August 1872 in ihren Fabriken zu dulden. Dieser Beschluß wurde den Arbeitern mitgetheilt und ihnen die Wahl gelassen, entweder den Verein oder den Dienst zu verlassen. Sie entschieden sich für das Letztere und ein allgemeiner Aufstand war die Folge. Die Crispins versuchten einen Compromiß, aber ohne Erfolg. Es wurde klar, daß die Geldmittel für die Unterstützung so vieler Unbeschäftigten nicht ausreichen würden und schon am 24. August war der Strike thatsächlich zu Ende. Anfang 1873 wurde die letzte Loge in Lynn formell aufgelöst und ihr Freibrief aufgegeben.

Der Fortgang des Vereins wird wohl in anderen Orten ein ähnlicher gewesen sein, wie in Lynn, denn ungefähr um dieselbe Zeit starb auch der internationale Verein thatsächlich aus. Zwei Jahre später machte man aber den Versuch, den Orden wieder ins Leben zu rufen. In Massachusetts entstanden über dreißig neue Logen und organisirten eine allgemeine Loge für den Staat. Im December 1876 wurde diese Loge aufgegeben und an ihrer Stelle eine internationale gegründet, und somit kam der neue Verein der Crispins zu Stande. 1877 und 1878 wurden Conventionen gehalten und eine wöchentliche Zeitung, „The Vindicator", wird im Interesse des Vereins herausgegeben. Trotzdem scheint er aber nicht zu blühen. „Seit einem Jahre," schrieb mir der Redacteur des Vindicator, „nimmt er im ganzen Lande ziemlich rasch ab, und was eine nationale Organisation betrifft, so ist sie praktisch schon todt mit wenig oder gar keiner Hoffnung auf baldige Auferstehung. Unterzeichneter hat dieser letzteren nationalen Bewegung fünf Jahre seiner Zeit und viele Hunderte von Dollars gewidmet, und Alles umsonst, verschwendete Mühe, müssige Träume. Die Leute sind im Ganzen genommen ganz todt und gleichgültig gegen Bewegungen dieser Art, und es nützt nichts, daß Einer unter Tausenden etwas schafft. Im Allgemeinen haben die amerikanischen Arbeiter keine Anhänglichkeit für Gewerkvereine und Unterzeichneter glaubt nicht, daß sie jemals in diesem Lande gedeihen werden." Aehnlich drückt sich selbst der Gründer der Crispins aus. Auf die Frage, ob die Crispins wohl bei einem Aufschwung des Handels ihre frühere Macht erlangen würden, schreibt er: „Nein, niemals." Und er schreibt ferner: „Der Ehrgeiz der Stellensucher und Eifersucht trugen mehr zum Untergang des Vereins bei, als alles Andere zusammen." Wir dürfen also wohl die Ritter des heiligen Crispins als ihrem Ende nahe betrachten.

Was die augenblickliche Organisation betrifft, so bietet sie wenig Interessantes. Die eigenthümlichsten Einrichtungen des alten Vereins, die strengen Vorschriften gegen neue Arbeiter, die dreifache Verwaltung in internationaler, staatlicher und örtlicher Loge sind jetzt verschwunden.

Als Bedingung der Aufnahme wird eine Lehrzeit von zwei Jahren verlangt; die Beamten werden von dem jährlich tagenden Congreß gewählt. Die jährlich an den Centralverein zu zahlende Taxe soll 50 Cents nicht übersteigen. Eine Lebensassecuranzcasse ist seit 1878 formell eingeführt, soll aber noch nicht in Thätigkeit getreten sein. Die interessanteste Bestimmung ist die, daß kein Mitglied einen neuen Arbeiter in die Lehre nehmen darf ohne die Zustimmung von Dreiviertel der Loge; ein Vater darf aber seinen Sohn unterrichten und ein Mitglied ein anderes. Ein Einigungsamt (Board of Arbitration) hat die Entscheidung über Arbeitseinstellungen und ist befugt, in Verbindung mit den Fabricanten, ein Schiedsgericht zu ernennen, um Streitfälle zu entscheiden. Diese Einrichtung soll sich auch schon bewährt und innerhalb 13 Monate gegen 100 Fälle entschieden haben[1]). Es herrscht aber trotzdem ein gewisses Miß-

---

[1]) Report of Bureau of Labor Statistics of Mass. 1877. p. 43.

trauen gegen den Verein. Der unglückliche Ausfall des Strikes von 1872 hat die früheren Mitglieder ganz entmuthigt; sie scheuen sich, von ihrem geringen Lohne wieder einen Theil umsonst aufzugeben.

Der Verein der Böttcher, einer der jüngsten unter den großen Vereinen, wurde erst 1870 gegründet. Auf dem ersten Congreß waren 16 Zweige mit einer Mitgliederzahl von gegen 2000 vertreten, und in wenigen Jahren stieg die Zahl der Mitglieder auf 8000. Der Verein gab eine Monatsschrift heraus, und erlangte eine anscheinend große Macht. Unter schlechter Führung aber und unter dem Druck des Geschäftsstillstandes fing er an zurückzugehen. Die Monatsschrift, die fünf Jahre lang herausgegeben worden war, ließ man fallen; die Mitgliederschaft zählt augenblicklich etwa 1500. In Folge dieses Verfalls hat man im Februar dieses Jahres auf einer in Chicago tagenden Delegirtenversammlung das Statut geändert und die ganze finanzielle Geschäftsführung auf einen bedeutend niedrigeren Fuß gestellt, auch in der Strenge der Vorschriften vielfach nachgelassen.

Zur Aufnahme wird jetzt verlangt einfach guter Charakter; früher ein Alter von 18 Jahren und eine Erfahrung im Gewerbe von drei Jahren.

Der Gehalt des Präsidenten ist von $ 1500.00 auf höchstens $ 800.00 heruntergesetzt worden; für den Secretär und den ersten Vicepräsidenten, die früher je $ 1000.00 bekamen, ist gar kein Gehalt vorgeschrieben. Die Delegaten erhalten nicht mehr ein Meilengeld und außerdem eine Gage von wenigstens $ 5.00 den Tag, sondern einfach die Kosten ihres Unterhalts: ihre übrigen Ausgaben werden von ihren Wählern in den Localvereinen getragen; auch versammeln sie sich nicht mehr alle zwei Jahre, sondern nur, wenn das Bedürfniß es erheischt. Die vierteljährliche Taxe ist von 20 Cents auf 10 herabgesetzt. Im Fall einer Arbeitseinstellung erhielten die Feiernden früher Unterstützungskosten und dazu $ 2.00 wöchentlich für eine Frau, 50 Cents für jedes Kind und $ 1.00 für einen Vater oder eine Mutter. Jetzt sind sie auf die freiwilligen Gaben ihrer Genossen angewiesen. Zu gleicher Zeit sind aber Ausstände erleichtert worden. Früher wurde eine Majorität von Vierfünftel der Mitglieder des an dem Ort sich befindlichen Localvereins verlangt, um die Arbeitseinstellung zu legitimiren, und nachher die Zustimmung von Vierfünftel der Localsecretäre. Ferner konnte der Präsident nach seinem Ermessen eine Arbeitseinstellung für beendet erklären. Dies Alles ist jetzt anders. Eine einfache Majorität des Localvereins darf eine Arbeitseinstellung anordnen, und der Präsident hat gar keine Controle darüber. Die Bestimmnung: „Nur nachdem alle mannhaften und ehrbaren Versuche der Versöhnung gescheitert sind, soll es gesetzmäßig sein, eine Arbeitseinstellung zu beschließen", ist ganz ausgelassen. Die Stellung den Arbeitgebern gegenüber scheint überhaupt eine schroffere geworden zu sein. Es wird nicht mehr, wie früher, Fürsorge für Schiedsgerichte getroffen; die versöhnliche Vorrede ist aus dem Statut entfernt. Darin heißt es nämlich: „Wir erklären hierdurch der Welt, daß dieser Verein eine Interessengemeinschaft zwischen Capital und Arbeit, zwischen Arbeitgeber und Arbeitnehmer anerkennt; und daß anstatt Feindseligkeit gegen Arbeitgeber zu fördern, es die Politik dieses Vereins und aller Zweigvereine ist, keine Unterstützung irgend einem Unternehmen zu schenken, welches das vollständige Einverständniß zwischen Arbeitgeber und Arbeitnehmer stört."

Die jetzige Einleitung lautet viel kriegerischer. Nach einer Klage über die schlechten Lohnverhältnisse heißt es: „In Ausführung des Grundsatzes „Lebe und laß leben" und in Gemäßheit des altbewährten Axioms: „die Selbsterhaltung ist das erste Naturgesetz", indem wir auf der breiten Grundlage von Recht und Gerechtigkeit uns stellen und indem wir Gott den Allmächtigen als Zeuge unserer Aufrichtigkeit anrufen, verpflichten wir uns heilig und feierlich, alle passenden, erlaubten und ehrenhaften Mittel anzuwenden, um die in diesem Statut vorgesehenen Zwecke auszuführen."

Innerhalb des Vereins existirt eine Lebensversicherungscasse. Die Versicherungssumme wird durch einen Beitrag von 60 Cents pro Mitglied bei jedem Todesfall erhoben, von denen 50 Cents an die Hinterlassenen gehen. Im Fall von Arbeitsunfähigkeit wird ein Drittel derselben Summe gezahlt; das Mitglied muß aber wenigstens 65 Jahre alt sein und 25 Jahre Mitglied gewesen sein, oder 70 Jahre alt und 20 Jahre Mitglied, oder 75 Jahre alt und 10 Jahre Mitglied.

Ein Verein verdient noch besondere Erwähnung, nicht etwa wegen seines Ansehens, oder seiner Macht, sondern wegen seiner eigenthümlichen Verwaltung: Es ist dies die „Gewerkschaftsunion der Möbelarbeiter Nord=Amerika's", gegründet im Jahre 1873.

Dieser Verein ist deutsch, sein Statut ist in deutscher Sprache gedruckt und er ist, wie eines seiner Mitglieder mir mittheilte, der progressivste aller Trades-Unions in den Vereinigten Staaten, denn die Verwaltung liegt nicht in einer Hand, wie bei den großen Gewerkvereinen der Locomotivführer, der Former ec.; solche Vereine sind viel zu conservativ. Die Möbelarbeiter vertrauen die Geschäftsführung einem Comité von elf Mitgliedern an, die von dem Verein des Vororts gewählt werden, und dieses Comité wählt seine eignen Beamten, Secretär, Schatzmeister ec. Es ist also Niemand direct verantwortlich und daher ist die Verwaltung jeder neuen Idee leicht zugänglich. Die Theilung der Gewalt scheint überhaupt das Grundprincip der Verwaltung zu sein. Auf dem Jahrescongreß von 1876 „wurde sofort beschlossen, für jede Sitzung einen andern Vorsitzenden zu wählen". Da der Congreß aus sieben Abgeordneten bestand und sieben Sitzungen hielt, so muß wohl jeder zufrieden gewesen sein. Die Prüfung der Finanzangelegenheiten besorgt ein ebenfalls von den Vereinen des Vororts gewähltes Finanzcomité; die Ueberwachung der agitatorischen und geschäftlichen Thätigkeit besorgt eine Controllcommission von fünf Mitgliedern, die von dem Verein des Orts gewählt werden, den der Congreß als ihren Sitz bestimmt. Dieser Ort darf aber nicht zugleich Sitz des Centralcomité's sein. „Wenn die Controll=Commission grobe Vergehen Einzelner oder des ganzen Comité's entdeckt, so hat dieselbe das Recht, die Betreffenden zu suspendiren und eine Neuwahl anzuordnen, und die am Sitz des Centralcomité's befindlichen Vereine sind verpflichtet, dieser Anordnung nachzukommen, doch muß die Controll=Commission zu $4/5$ dafür sein. Der nächste Congreß hat über die betreffende Suspension endgültig zu entscheiden." Also da das Central=Comité augenblicklich in New=York sitzt, die Controll=Commission aber in Chicago, so muß dieselbe grobe Vergehen über eine Entfernung von 1000 engl. Meilen entdecken, sodann müssen $4/5$ der Mitglieder sich von der Wahrheit dieser Entdeckung überzeugen, ehe überhaupt Etwas gethan werden kann.

Die regelmäßige Taxe beträgt 3 Cents monatlich; außerdem werden 5 Cents monatlich zur Bestreitung der Kosten des Congresses beigetragen.

Die einzige Wohlthätigkeitsanstalt, in Verbindung mit der Gewerkschaft, ist eine Werkzeugsversicherungscasse gegen Beschädigung durch Feuer. Sie wurde eingeführt, „damit den Mitgliedern wenigstens Etwas geboten und damit ein Bindemittel geschaffen werde".

Die Hauptthätigkeit des Vereins erstreckt sich auf die Einführung des achtstündigen Arbeitstages. Arbeitseinstellungen werden als Kriegsmittel anerkannt. Sie müssen dem Central=Comité gemeldet werden und die Genehmigung der Vereine des Vororts erhalten, um anerkannt zu werden. Es wird aber im Statut von diesem Mittel abgerathen, bis der Verein stärker wird; als wirksamere Waffe wird die Politik betrachtet. Darum beschloß der Congreß von 1876, sich der Arbeiterpartei anzuschließen, und in ihrem Interesse werden die Agitationen jetzt geführt. Solche Fälle sind im Statut besonders vorgesehen, und das Central=Comité hat das Recht, Agitationen vorzunehmen, die die Summe von $ 50.00 vierteljährlich nicht übersteigen. Neuerdings wurde darauf hingearbeitet, am 5. Juli 1879 allgemein den achtstündigen Arbeitstag einzuführen. Der Plan, der von einigen socialistischen Blättern in deutscher Sprache zuerst hervorgebracht wurde, fand aber in den großen, wirklich starken Vereinen keine Unterstützung und beschränkte sich in der Ausführung auf Picnics und Rednerei, wie eine ähnliche 1876 gemachte Demonstration.

Andere Zwecke verfolgt der Verein auch; Verbot der Kinderarbeit, allgemeiner Schulzwang, Haftpflicht der Fabrikbesitzer für Unglücksfälle, die aus Vernachlässigung der Maschinen entstehen, Einrichtung von Arbeitsnachweisungsbüreaus, Vertretung der Arbeiterclasse in der Gesetzgebung und Verbindung der Arbeiter aller Länder. Das sind mit Ausnahme der letzten lauter Zwecke, die sich nur politisch erreichen lassen und die sehr allgemeiner Natur sind. Der Verein scheint sich mehr um weitgehende Ideale zu kümmern, als um das unmittelbare Wohl seiner eignen Mitglieder und unterscheidet sich darin schlagend von den rein amerikanischen Gewerkvereinen, in denen politische Fragen gar nicht erörtert werden dürfen.

Noch im Werden ist der Verein der Granithauer, die „Granit Cutters International Union of the United States and British Provinces of America". Der Geist seines Statuts ist im Ganzen vernünftig; das vom Secretär redigirte amtliche Monatsblatt ist mäßig und besonnen und der Verein hat Anlagen für mehr Unterstützungscassen, als irgend ein anderer, mir bekannter, in Amerika. Keine derselben ist freilich bis jetzt in Thätigkeit getreten.

Die erste Organisation dieser Gewerkschaft fand im Anfange des Jahres 1877 mit fünf Zweigen statt. Jetzt zählt sie 34 Zweige und gegen 2400 Mitglieder.

Als Bedingung der Aufnahme wird eine Lehrzeit von zwei Jahren gefordert. Einfache Majorität genügt, um ein neues Mitglied zu wählen. Die Eintrittsgebühr beträgt $ 1.00.

Die Verwaltung ist darin etwas eigenthümlich, daß die Delegatenversammlung keine so wichtige Rolle spielt, als bei den meisten amerikanischen Gewerkschaften. Es wird jedes zweite Jahr ein Ort als Sitz der Verwaltung von der gesammten Mitgliederschaft gewählt. Der an diesem Ort sich befindende Verein wählt dann aus seiner Mitte den Präsidenten und die fünf Mitglieder des Verwaltungsraths. Der Secretär dagegen wird von der gesammten Mitgliedschaft auf zwei Jahre gewählt. Sein Gehalt wird jährlich festgesetzt und beträgt gegenwärtig $ 3.00 den Tag. Ein Abgeordnetentag wird nur auf Wunsch der Zweige gehalten, wenn es sich um Verfassungsänderungen, Entscheidung von wichtigen Streitigkeiten, Festsetzung der Arbeitszeit und Löhne ꝛc. handelt, und die von ihm erlassenen Gesetze bedürfen noch der Genehmigung durch Urabstimmung. Die monatlichen Berichte der Zweigsecretäre werden in dem Journal veröffentlicht.

Die Ausgaben des Vereins werden durch eine monatliche Taxe von 30 Cents bestritten, die an den Secretär geschickt werden muß und wovon $ 1000.00 in Staatsobligationen der Vereinigten Staaten angelegt werden müssen, sobald eine Summe von $ 2000.00 vorhanden ist. Hieraus wird den in einem regelmäßigen Strike ausstehenden Mitgliedern eine Unterstützung von $ 6.00 wöchentlich gegeben. Eine besondere Taxe von 5 Cents wird bei jedem Todesfall erhoben, um das Beerdigungsgeld von $ 50.00 zu zahlen.

Andere Unterstützungen mit getrennten Cassen werden in Aussicht genommen, nämlich eine Versicherungscasse gegen Unfälle, eine Krankencasse mit Unterstützung von $ 6.00 wöchentlich und eine Lebensversicherungscasse. Bis jetzt existiren sie aber nur auf dem Papiere.

Arbeitseinstellungen dürfen nur nach Erschöpfung aller Versöhnungsversuche und mit Einwilligung der Gewerkschaft stattfinden. Es wird im Statut gesagt, „daß dieser Verein jeglicher Böswilligkeit gegen die Arbeitgeber entgegentritt, da er sich vollständig bewußt ist, daß die Wohlfahrt des Arbeitnehmers auf der Wohlfahrt des Arbeitgebers gegründet ist, und wo irgend welche unserer Gesetze in unbilliger oder muthwilliger Weise ihre Interessen berühren, verpflichten wir uns, unser Möglichstes zu thun, um die gewünschte Entschädigung bereitwillig zu machen." Als besonders gefährliche Angriffe Seitens der Arbeitgeber werden angeführt: die Beschäftigung von Nichtmitgliedern des Vereins, die Kürzung der Löhne und die Verlängerung der Arbeitszeit, und der Verein macht es sich zur besonderen Aufgabe, den achtstündigen Arbeitstag womöglich überall einzuführen.

Mit den Gewerkvereinen verwandt, wenn auch nicht gerade ein Gewerkverein, und charakteristisch, wenn auch nicht imposant, ist die „International Labor Union". Sie ist wohl zu unterscheiden von der „Internationale"; auch von der „National Labor Union", die später zu erwähnen ist.

Im vorigen Jahre trat sie zuerst in die Oeffentlichkeit durch den Abdruck ihrer Verfassung in dem Labor Standard, unterzeichnet von einem provisorischen Central-Comité und begleitet von einem Aufruf an die Arbeiter Nord-Amerika's. Der Präsident war Redacteur des Labor Standard. In dem Aufrufe werden als Zwecke des Vereins angegeben: Kürzung der Arbeitsstunden, Erhöhung des Lohns, Inspection der Fabriken, Bergwerke und Werkstätten, Abschaffung der Verdingung der Gefängnißarbeit und des Trucksystems, Haftpflicht der Fabricanten bei Unfällen, die aus Vernachlässigung der Maschinen entstehen, Verbot der Kinderarbeit, Einführung von Arbeitsbüreau's, Propaganda durch die Presse, durch Vortrag und durch die Anstellung eines Organisators, und schließliche Abschaffung des Lohnsystems. Zur Erreichung dieser Zwecke wird verlangt: Eine allgemeine Organisation der Arbeiter, nicht nur in den einzelnen Gewerben, sondern in allen Ländern und die Errichtung eines Fonds für Unterstützung und Schutz.

Im Laufe des Jahres arbeiteten die Gründer des Vereins an der Bildung von Zweigen. J. P. Mc. Donnell, einer der leitenden Geister, Mit=Redacteur an dem Labor Standard, verwerthete eine Arbeitseinstellung in Paterson (N. J.), um dorthin überzusiedeln, gründete daselbst eine Anzahl Zweigvereine und zugleich eine neue Zeitung, den „Paterson Labor Standard".

Am 14. November wurde ein verändertes Statut von dem Executiv=Comité veröffentlicht, und vom 28. Dec. bis zum 3. Jan. tagte der erste Congreß in Paterson.

Die Verwaltung dieses Vereins erinnert an den des Vereins deutscher Möbelarbeiter. Der Congreß bestimmt jährlich den Sitz der Regierung. Die an diesem Orte sich befindenden Vereine wählen dann das Executiv=Comité und den Aufsichtsrath.

Zur Aufnahme in den Verein ist Jeder berechtigt, „der für seinen Unterhalt allein auf den für seine Arbeit erhaltenen Lohn angewiesen ist". Die Eintrittsgebühr beträgt im Ganzen $ 1.00, wovon 25 Cents an die Centralbehörde geschickt werden. Die Beiträge sind 10 Cents wöchentlich für den Zweig und 10 Cents monatlich für den Centralverein. Jeder Zweig soll seinen arbeitslosen Mitgliedern $ 3.00 die Woche sechs Wochen lang auszahlen. Außerdem soll jeder Zweig eine Begräbniß= und Krankencasse haben, zu der der Eintritt den Mitgliedern freisteht. Die Beiträge für diese Casse sind 10 Cents wöchentlich. Die Unterstützung für Kranke ist anfangs $ 5.00 wöchentlich und wenn die Summe von $ 130.00 ausbezahlt worden ist, bloß $ 2.50. Im Todesfalle werden $ 25.00 für die Beerdigungskosten gegeben.

Ein Strikefonds besteht nicht, aber die Hälfte der Beiträge zum Centralverein soll als Contingentfonds für allerlei außerordentliche Ausgaben zurückgelegt werden. Das Alles ist dem Statut entnommen; wie weit sich diese Pläne schon verwirklicht haben, läßt sich nicht mit Bestimmtheit sagen. Meine darauf bezüglichen Fragen sind noch nicht beantwortet worden.

Seine Hauptstärke scheint der Verein unter den Spinnern von Paterson und Fall=River zu haben. In beiden Orten existiren eine große Menge armer, leicht zu leitender Arbeiter und diese Thatsache ist von seinen Führern ausgebeutet worden. Die großen Vereine verhalten sich aber sehr kalt gegen die ganze Bewegung. Und das ist nicht zu wundern, wenn wir seine Geschichte näher betrachten.

Der Redacteur des Paterson Labor Standard (ein Irländer, der wegen Theilnahme an der Fenierbewegung in seinem Heimathsland eingesperrt wurde und erst kurze Zeit sich hier aufhält) ließ sich gleich in der zweiten Nummer seiner Zeitung so heftig aus, daß er wegen Injurie angeklagt und zu einer Buße von $ 500.00 verurtheilt wurde. Diese ließ er sich von den verhungerten Arbeitern Patersons bezahlen und spielt seitdem die Rolle des Märtyrers. Seine Zeitung fährt indessen fort, die Arbeiter aufzureizen. Die fabelhaftesten Erdichtungen werden gedruckt, um diesen Zweck zu erreichen. Aus der Beschreibung des ersten Congresses der I. L. U., des zu seiner Ehre gegebenen Balls ꝛc. würde man sich etwas ganz Großartiges vorstellen. Nach einer andern

Zeitung sollen aber bloß 12 Delegaten im Ganzen dagewesen sein und der Paterson=Correspondent des Fall River Labor Standard schreibt gerade vor dem Tagen des Congresses: „Ich bin oft erstaunt über die Kälte und Theilnahmslosigkeit der arbeitenden Classen für die I. L. U." Es wäre aber in der That noch wunderlicher, wenn sie sich dafür begeisterten, und wir dürfen annehmen, daß nur die Unerfahrenen sich werden dadurch verleiten lassen. Es ist sehr leicht, in den Vereinigten Staaten einen Verein zu gründen und noch leichter, großartige Beschreibungen davon drucken zu lassen, aber wenn nicht ein wirkliches Bedürfniß dafür vorliegt, so wird er ebenso rasch zu Grunde gehn, wie er entstanden war.

Schließlich muß ein großer geheimer Verein erwähnt werden, der, wenn auch vielfach politisch in seinem Zweck, doch aus Arbeitern besteht, mehrere Gewerbe in sich incorporirt und daher unter Gewerkvereinen einen Platz hat. Die „Knights of Labor" oder „United Workers" (die aber niemals unter diesem Namen in die Oeffentlichkeit traten, sondern nur mit der Bezeichnung *****) scheuen das Tageslicht und daher ist es sehr schwer, etwas Zuverlässiges über sie zu ermitteln. Das hier Vorgetragene, welches größtentheils einem Aufsatz in der New York Tribune vom 17. August 1878 entnommen ist, wird wohl in den Hauptzügen richtig sein.

Der Orden soll so geheim sein, daß er seinen Mitgliedern verbietet, sogar den Namen außerhalb der Versammlungen auszusprechen und überhaupt über den Verein zu reden[1]). Damit diese Regel ausgeführt werde, ernennt der Präsident drei geheime Detective, von denen keiner weiß, wer die beiden andern sind. Es ist also Jeder mißtrauisch und muß, wenn er die Vorgänge der Gesellschaft erfahren will, die Versammlungen besuchen. Es wird über die Regelmäßigkeit des Besuchs Buch geführt und bei Anweisung von Stellen an Arbeitslose Demjenigen der Vorzug gegeben, der in diesem geheimen Buche am besten steht. Ein neues Mitglied erfährt vorher Nichts von dem Wesen der Verbindung. Er wird von einem seiner Freunde in die Vorhalle der Loge eingeführt und, indem ihm Verschwiegenheit durch einen Eid auferlegt wird, fragt man ihn, ob er einem Orden angehören möchte, dessen einziger Zweck die gegenseitige Unterstützung sei. Bejaht er, so wird er weiter geführt und eingeweiht. Anfangs stießen die Knights of Labor auf die Feindschaft der katholischen Priester, von denen einer von der Kanzel herab den Verein rügte. Darauf erklärten sie, der Eid sei in der Confession nicht verbindlich und ersparten somit ihren katholischen Genossen einen Bruch mit der Kirche. Ihre Zahl wurde im Herbst 1878 auf 800,000 geschätzt. Die Richtigkeit dieser Zahl wird hier nicht verbürgt; es steht aber fest, daß der Orden sich weit verzweigt und unter seine Mitglieder viele politisch thätige und energische Führer rechnet. Der Secretär sitzt augenblicklich in dem Abgeordnetenhause von Massachusetts; eines der Mitglieder ist Redacteur der „National Labor Tribune". Diese Zeitung ist ihr officielles Organ und bekannte sich bis vor Kurzem öffentlich als solches. Vor einigen Wochen ist die betreffende Ueberschrift „auf Befehl" (wie mir der Redacteur schreibt) entfernt worden. Sie ist zugleich eifrige Anhängerin der

---

[1]) Das ist nicht unbedingt wahr, denn der Verfasser hat selber mit einem Mitglied darüber gesprochen, allerdings ohne viel zu erfahren.

Greenback-Partei und das Bestreben der Knights of Labor geht dahin, diese Partei zu controlliren, um durch sie Einfluß auf die Nationalpolitik auszuüben. Verschiedene Gewerbe sind schon durch eigene Zweigvereine in der Brüderschaft der fünf Sterne vertreten, Glasmacher, Bergleute ꝛc. Die erste Convention wurde im Januar 1878 in Reading (Pa.) abgehalten.

Die Tendenz des Vereins ist radical, aber nicht socialistisch. Die Mitglieder sind jedoch über die Zwecke desselben sehr verschwiegen. Es wird gesagt, sie warten nur auf eine bessere Organisation ihrer Kräfte, um einen allgemeinen Strike aller Arbeiter anzufangen. Einer der Führer sagte mir, der Verein nähme sich vor, allen bedrängten Arbeitern Unterstützung zu gewähren, ohne daß die Arbeitgeber wüßten, woher sie käme. Er sagte aber auch, wir ständen vor einer großen Revolution und fügte mit unheimlichem Lächeln hinzu, „da alle Revolutionen Blut vergossen haben, so wird auch diese wohl nicht blutlos ablaufen". Die ganze Sache ist aber noch nicht erforscht und omne ignotum pro magnifico est. Man muß sich also wohl hüten, einem Zeitungsredacteur, dessen Erwerb von Kriegen und Gräuelthaten abhängt, zu viel Glauben zu schenken. Für unsern Zweck genügt es, auf die Verbindung aufmerksam gemacht zu haben.

Außer den schon beschriebenen Gewerkvereinen haben viele andere in den Vereinigten Staaten existirt. Nach den Berichten des arbeitsstatistischen Büreau's von Ohio und Massachusetts sollen noch folgende Gewerbe Gewerkvereine mit nationaler oder internationaler Organisation besitzen oder besessen haben:

Ziegelmaurer,	Schiffszimmerleute,
Stubenmaler,	Zugbeamten,
Tischler,	Glasmacher,
Stuckarbeiter,	Zuschneider,
Marroquinarbeiter,	Maschinisten,
Schneider,	Holzarbeiter,
Wagenmacher,	Schuhmacherinnen.
Bergleute,	

Ferner existirt ein Verein der Eisenbahn-Conducteure.

Die meisten dieser Vereine sind aber in den letzten Jahren entweder untergegangen, oder sehr geschwächt worden. Hie und da findet sich vielleicht ein übriggebliebener Localverein, aber die nationale Organisation ist in den meisten machtlos.

Meine Briefe an die Vorsteher der Ziegelarbeiter, Stuckarbeiter, Stubenmaler, Conducteure, Zugbeamten, Schneider und Bergleute sind bis jetzt ohne Antwort geblieben, und da die Vorsteher der amerikanischen Vereine im Allgemeinen geschäftsmäßig und pünktlich in ihrer Correspondenz sind und sehr bereitwillig scheinen, Auskunft zu geben, so dürfen wir annehmen, daß diese Vereine entweder untergegangen sind, oder daß nichts sehr Erfreuliches über sie gesagt werden kann. Diese Ansicht wird auch von Herrn Jessup, dem frühern Präsident des Workingmens assembly von New-York, bestätigt.

Wenn wir daher auch nicht den Anspruch erheben wollen, eine irgendwie genaue Statistik der amerikanischen Gewerkvereine aufzustellen, so sind doch wohl keine von Bedeutung hier ausgelassen worden, und die bis jetzt beschriebenen werden ein im Ganzen genommen treues Bild der einheimischen Vereine geben.

Wir haben aber auch exotische Gewerkvereine, die auf unserm Boden ganz gut zu gedeihen scheinen, und die uns in gewissem Sinne einen Maßstab gewähren, nach welchem wir die rein amerikanischen Gewerkvereine beurtheilen können. Sowohl die Amalgamated Society of Carpenters & Joiners, als auch die Amalgamated Society of Engineers etc. haben nämlich hier Zweige von ziemlicher Bedeutung. Erstere hat nach dem Novemberbericht von 1878 17 Zweige und 363 Mitglieder in den Vereinigten Staaten und Canada, und letztere 36 Zweige mit (nach dem Berichte vom März 1879) 1324 Mitgliedern. Der Zimmerer- und Tischlerverein ist ganz nach dem Muster der Amalgamated Society gebildet, und dieses Muster ist in dem Buche von Professor Brentano über die englischen Gewerkvereine so ausführlich beschrieben, daß es nicht nöthig ist, weiter auf die Gesellschaft als Ganzes einzugehen Es müssen nur zwei Eigenthümlichkeiten der amerikanischen Zweige erwähnt werden. Bei der Umrechnung der Gelder gelten sowohl für die Beiträge, als auch für die Unterstützungen 30 Cents anstatt 25 als ein Schilling. Das ist, um den Preisen und Löhnen Rechnung zu tragen.

Ferner stehen die amerikanischen Zweige (die in Canada und den Vereinigten Staaten) unter der Aufsicht des New York Central District Comitee, der ihnen gegenüber eine ähnliche Stellung einnimmt, wie der Local Council in London gegenüber dem ganzen Verein. Dieser Ausschuß besteht aus Abgeordneten von sieben Zweigen in und um New-York. Er vertheilt die Strikegelder, wo solche zu vertheilen sind, und erläßt einen monatlichen Bericht über die Mitgliederzahl, über die gewährten Unterstützungen, den Zustand des Gewerbes ꝛc. in den amerikanischen Zweigen.

Wenn man nun den Vergleich anstellt, so sieht man auf den ersten Blick, daß dieser Verein ungleich höher steht, sowohl in technischer, wie in finanzieller Beziehung, als der ihm entsprechende amerikanische Verein der Maschinenbauer. Er nimmt kein neues Mitglied auf, das nicht vor seinem 21. Jahre eine fünfjährige Lehrzeit durchgemacht hat, während der amerikanische Verein nur eine Erfahrung von drei Jahren verlangt, einerlei ob vor oder nach dem 21. Jahre. Seine Anforderungen, wenn man alle außerordentlichen Beisteuern außer Betracht läßt, sind 30 Cents wöchentlich, oder $ 15.60 jährlich, während die Kosten im amerikanischen Verein ungefähr $ 13.80 sein werden; nämlich für die Taxe des Centralvereins 80 Cents, für die Taxe des Localvereins $ 6.00 oder 50 Cents monatlich und für die durchschnittlichen Kosten der Versicherungscasse (nach der Angabe des Secretärs) $ 7.00 jährlich. Der Vergleich läßt sich mit Genauigkeit nicht durchführen wegen der total verschiedenen Verwaltung der beiden Vereine, aber das allgemeine Resultat wird wohl richtig sein, und der Secretär des New York Central District Comitee schreibt, er halte den amerikanischen Verein für keinen Nebenbuhler, da er nicht genug Beisteuern erhalte, um ein ordentlicher Verein zu sein.

III.

Nachdem wir nun die Organisation, das Räderwerk gewissermaßen, der amerikanischen Gewerkvereine beschrieben haben, bleibt uns noch übrig, die Thätigkeit derselben zu betrachten. Wie wirken sie auf das Leben ihrer Mitglieder ein? Wie treten sie nach Außen auf?

Für die wirthschaftliche Sicherstellung ihrer individuellen Mitglieder thun sie verhältnißmäßig wenig. Die großen englischen Vereine bewirken durch ihr ausgebildetes System von Kranken- und sonstigen Wohlthätigkeitscassen die Sicherstellung des Handwerkers vor allen gewöhnlichen Unfällen, die ihn möglicher Weise treffen könnten. Dieses Resultat allein ist von der größten Bedeutung für den Lebensgenuß und das Gedeihen ihrer Mitglieder. Bei uns sind diese Unterstützungscassen durchaus nicht allgemein. Sie sind auch fast überall ganz freiwillig; in Folge dessen werden sie, wo sie vorhanden sind, verhältnißmäßig so wenig in Anspruch genommen, daß wir sie fast bei der Aufzählung der Thätigkeiten der Trades Unions übergehen können. Die Ursache ihrer kümmerlichen Entwickelung liegt theils in der großen Menge anderer Cassen, Schutzvereine ic. außerhalb des Gewerkvereins, theils in dem unstäten Charakter des amerikanischen Erwerbslebens, worauf schon verwiesen wurde.

Die ökonomische Sicherstellung ihrer Mitglieder erreichen die Gewerkvereine manchmal durch Regelung der Löhne, und einige derselben machen es sich zur besondern Aufgabe, Lohntarife zu vereinbaren. Die Hutmacher leisten hierin das Meiste. Auch die Eisen-, Stahl- und Zinnarbeiter haben Etwas gethan und die Knights of St. Crispin, wie schon erwähnt, aber im Allgemeinen ist auch hierin wenig Erfolg zu berichten.

Wichtiger ist wohl der Einfluß der Gewerkvereine auf die Bildung der Mitglieder. Die vielen Zeitschriften, die von ihnen herausgegeben werden und zu denen sie Beiträge schicken, müssen wir als ein bedeutendes Mittel der schriftstellerischen Erziehung betrachten. Ferner erhalten viele Handwerker hier ihren ersten Unterricht in den parlamentarischen Gebräuchen und Regeln und sie bekommen eine Redefertigkeit und ein Selbstvertrauen, die, wenn sie auch nicht Beweise einer hohen Cultur sind, doch die Stellung des Arbeiters wesentlich erhöhen. Der Gründer der Knights of St. Crispin sagt hierüber: „Als der Orden zuerst gegründet wurde, konnten wir nur mit Mühe Männer zur Bekleidung der Aemter finden, nachher hatten wir immer zu viele Candidaten. In zwei Jahren fühlten sich fast alle Mitglieder fähig, irgendwelche Aemter zu bekleiden. Zuerst wußten viele Mitglieder nicht, wie sie Anträge stellen sollten, aber zuletzt wurden Anträge und Reden oft lästig. Die Leute lernten die Leitung von Versammlungen, sie lernten lesen, schreiben und öffentlich reden, und das Alles nenne ich Bildung." Die Wirkung des Vereins scheint auch aus andern Zeugnissen in einer größeren Selbstständigkeit und Selbstvertrauen zu bestehen. Ein in dem Bericht des arbeitsstatistischen Büreau's von Massachusetts angeführter Zeuge sagt über seinen Gewerkverein: „Seine Wirkung war die Erhöhung der Löhne und die Hebung der Leute dadurch, daß er ihnen Vertrauen auf sich selbst und aufeinander gab."

Das Auftreten der Gewerkvereine nach Außen zeigt sich besonders in ihren örtlichen und nationalen Verbänden, mit dem Zwecke, die öffentliche Meinung oder die Gesetzgebung zu beeinflussen, oder gemeinsam in irgend einer Angelegenheit vorzugehen. Die örtlichen Verbände bestehen darin, daß die Vereine einer einzigen Stadt oder Grafschaft Vertreter wählen, die in einem Trades Council oder Trades Assembly zusammentreten und zusammen berathen. Solche existiren in den meisten großen Städten, wie New-York, Boston, Washington, Pittsburg, Cincinnati, Chicago, St. Louis ꝛc. ꝛc.

Der erste nationale Delegirtentag amerikanischer Gewerkvereine fand in Baltimore im August 1866 statt. Sie vereinigten sich damals unter dem Namen National Labor Union und verlangten die Einführung eines „Achtstunden-Gesetzes" und die Einrichtung eines nationalen Büreau's für Arbeitsstatistik. Dieser Verband hielt in den folgenden Jahren Sitzungen in Chicago, New-York, Philadelphia und Cincinnati.

Auf dieser letzteren Versammlung aber, die im Jahre 1870 stattfand, fingen die politischen Geister an, sich derselben zu bemächtigen. Sie verlangten die Bildung einer neuen Partei. Es ist bekanntlich gegen die Grundsätze der Gewerkvereine, sich irgendwie mit der Politik zu befassen und dieser Vorschlag hatte daher die Sprengung der National Labor Union zur Folge. Die Versammlungen, welche 1871 in St. Louis und 1872 in Columbus stattfanden, waren Congresse der Arbeiterpartei und nicht der Gewerkvereine. 1873 versammelten sich die Gewerkvereine nochmals in Cleveland und gründeten den Industrial Congress, aber die schlechten Zeiten kamen jetzt und nach der Sitzung von 1874 in Rochester hörte auch dieser auf zu existiren. Die Gewerkvereine haben also keine permanente Organisation. Einige ihrer Forderungen sind aber schon durchgedrungen. Wir haben seit 1868 ein nationales Achtstunden-Gesetz und viele der einzelnen Staaten haben jetzt auch solche erlassen[1]). Wenn bis jetzt noch kein Antrag auf Gründung eines nationalen arbeitsstatistischen Büreau's durchgegangen ist, so haben doch eine Anzahl Staaten, vielfach auf Anregung der Gewerkvereine, staatliche Büreau's für Arbeitsstatistik schon eingeführt. Solche existiren seit 1870 in Massachusetts, seit 1872 in Pennsylvania, seit 1877 in Ohio und seit 1878 in New-Jersey, und ein darauf bezügliches Gesetz ist soeben auch in Missouri erlassen worden. Das Büreau von Connecticut, welches zwei Berichte für 1874 und 1875 herausgab, ist jetzt wieder aufgehoben; ebenso das von Maine.

Die amerikanischen Gewerkvereine halten sich, wie schon bemerkt, grundsätzlich von der Politik fern. Manchmal werden sie aber doch durch schlaue und ehrgeizige Führer verleitet, daran Theil zu nehmen und das ist eine der größten Gefahren, denen sie ausgesetzt sind. Offenbar unter dem Eindruck trauriger Erfahrung schreibt der Secretär eines der großen internationalen Vereine: „The ruin of American Trades Unions is political shisters, that git at the head of them." (Die Ausdrucksweise und die Orthographie lassen sich im Deutschen nicht wiedergeben. Der allgemeine Sinn ist: „Der Fluch amerikanischer Gewerkvereine siud politische Spitzbuben, die sich an die Spitze derselben stellen.")

Daß die amerikanischen Gewerkvereine mit dem Socialismus nichts zu thun haben, braucht kaum hervorgehoben zu werden. Das gilt natürlich nicht von solchen Vereinen, in denen das deutsche Element überwiegend ist, wie die der Cigarrenmacher und Möbelarbeiter. Letztere erkennen sogar die socialistischen Zeitungen „Vorbote" und „Arbeiterstimme" als ihre Organe an. Die andern Vereine haben aber keinen Sinn für Utopien. Sie wollen durchaus keine Umwälzung der bestehenden Productionsweise, keine Aenderung in den Verhältnissen

---

[1]) Für eine Uebersicht dieser Gesetzgebung siehe v. Studnitz: Nordamerikanische Arbeiterverhältnisse. 1879. S. 396—401.

zwischen Capital und Arbeit; sie wollen einfach eine gerechte Behandlung und einen ihren Leistungen entsprechenden Lohn.

Endlich bethätigen sich die amerikanischen Gewerkvereine (und fast ausschließlich von dieser Seite sind sie dem großen Publicum bekannt) in zahlreichen Arbeitseinstellungen.

Irgend etwas Allgemeines über Strikes zu sagen, wäre überflüssig. Etwas Specielles darüber zu schreiben, würde ein jahrelanges Studium und Beobachten voraussetzen, denn irgend eine Statistik darüber ist noch nie aufgenommen worden, und die Untersuchungen, die von den arbeitsstatistischen Bureaux von Massachusetts und Pennsylvania über einzelne Ausstände vorgenommen worden sind, wenn auch ausführlich und zuverlässig, erstrecken sich nur über ein sehr beschränktes Gebiet. Wie schwer es aber ist, sich privatim hierüber zu unterrichten, zeigte sich schlagend bei einer Nachfrage, die ich über die Strikes der Maschinenbauer machte. Der Secretär des Vereins erzählte mir von einem in Erie unternommenen Strike, welchen er in jeder Beziehung als ideal bezeichnete und dessen Verlauf kurz folgender war.

Der Ausstand entstand dadurch, daß eine Firma in Erie von ihren Arbeitern einen Eid verlangte, der sie verpflichtete, den Verein zu verlassen. Im Weigerungsfalle verloren sie ihre Anstellungen. Dies schien den dort Beschäftigten eine Beleidigung und sie wollten gleich die Arbeit aufgeben. Der Präsident des Vereins hielt sie aber zurück; er wollte womöglich eine Verständigung herbeiführen und forderte die Mitglieder der Firma auf, mit ihm eine Unterredung zu halten, worauf jedoch keine Rücksicht genommen wurde. Der Strike wurde also angeordnet und den Arbeitern wurde der volle Lohn ausgezahlt, bis die Fabricanten nachgaben und die Entlassenen zurücknahmen. Einige Monate nachher machte die Firma, in Folge ihres Verlustes bei dem Ausstande, Bankerott. Eine in allen Einzelheiten übereinstimmende Geschichte wurde mir später von dem damaligen Präsidenten des Vereins erzählt. Während aber der frühere Berichterstatter die ganze Sache als einen der gelungensten Erfolge des Vereins schilderte, sagte Derjenige, der das Ganze geleitet hatte, er hätte einen großen Fehler begangen, den er nachher schwer bereute. Es stellte sich nämlich heraus, daß die Mitglieder des Localvereins in Erie, in Zuversicht auf ihre Macht, sich bis zur Unerträglichkeit trotzig und übermüthig benommen hatten und ihren Arbeitgebern einfach dictiren wollten. Das Verbot des Vereins war eine Forderung der Selbsterhaltung. Als aber der Centralverein die Sache in seine Hand nahm und Vermittlungsversuche anstellte, befürchtete das Haupt der Firma, ein alter, friedliebender Herr, eine Wiederholung der unangenehmen Scenen mit seinen Arbeitern und nahm keine Rücksicht darauf. Mein Berichterstatter sagte mir, er hätte den Ausstand verboten, wenn er zur Zeit alle diese Umstände gekannt hätte. Es ist also ohne persönliche Kenntniß der einzelnen Fälle unmöglich, über Arbeitseinstellungen etwas Zuverlässiges zu sagen.

Ein einziger Strike verdient hier Erwähnung, theils weil er durch die Zeitungen in der ganzen Welt bekannt ist, theils weil eine amtliche Untersuchung Seitens des Staates Pennsylvania darüber vorgenommen worden ist[1]), und sich

---

[1]) Report of the committee appointed to investigate the Railroad Riots in Feb. 1877. Read in the Senate and house of Representatives, May 23 1878.

somit sichere Behauptungen aufstellen lassen. Wenn wir die Vorgänge bei den Eisenbahnunruhen vom Juli 1877 in ihrer Reihenfolge betrachten, so ergiebt sich, daß die Verantwortlichkeit für die Zerstörungen von Leben und Eigenthum durchaus nicht auf die Gewerkvereine zu werfen ist, wie zur Zeit vielfach in den Zeitungen angenommen wurde, daß ihr Einfluß vielmehr zu Gunsten der Ordnung sich geltend machte und daß die Gewaltthaten, die damals verübt wurden, theils einer fast criminellen Ungeschicklichkeit und Nachlässigkeit einzelner Personen, theils einer höchst unglücklichen, aber unberechenbaren Verknüpfung von Umständen zuzuschreiben ist.

Der erste Anfang der Ereignisse des Sommers 1877 war eine Arbeitseinstellung der Heizer auf der Baltimore- und Ohio-Bahn am 16. Juli. Martinsburg, West-Virginia, war die Hauptscene dieser Demonstration; die Ursache war eine Lohnherabsetzung von 10 %, die an diesem Tage in Kraft treten sollte. Es schlossen sich den Heizern bald die in den Werkstätten beschäftigten Arbeiter an und am folgenden Tage erstreckte sich der Strike westlich längs der Baltimore- und Ohio-Bahn bis nach Newark, Ohio, und sämmtliche Frachtbedienstete waren bald dabei betheiligt. Der Gouverneur von West-Virginia schickte zwei Compagnien Freiwilliger nach Martinsburg, die aber Nichts ausrichteten. Der Präsident wurde angerufen; er erließ eine Proclamation und schickte 250 Mann Bundestruppen hin, die am 19. die Bahn räumten und die Züge wieder in Gang brachten. Am 20. wurden in Baltimore mehrere Compagnien Miliz, die nach Cumberland, einer Station der Baltimore- und Ohio-Bahn, befohlen waren, vom Pöbel, der mit den Strikern sympathisirte, angegriffen und eine Anzahl Leute getödtet oder verwundet. Auch wurden einige Eisenbahnschuppen in der Nähe von Baltimore verbrannt. Soweit erstreckte sich der Strike auf der Baltimore- und Ohio-Bahn.

Der Strike, der drei Tage später in Pittsburgh ausbrach, war auf anderen Bahnen (der Pennsylvania- und den von ihr gepachteten Bahnen) und hatte eine andere Ursache. Die Lohnreductionen auf dieser Bahn waren, wenn auch mit Widerwillen, doch ruhig hingenommen. Die letzte derselben (eine Herabsetzung von 10 % der Löhne aller Beamten vom Präsidenten herab) war am 1. Juni in Kraft getreten, nachdem eine Deputation der Bediensteten sich mit dem Präsidenten der Bahn, Thomas A. Scott, darüber verständigt hatte. Einige Unzufriedene gab es allerdings noch, welche Widerstand leisten wollten und in der kurzen Zeit von weniger als vier Wochen hatten sie, unter der Führung eines 25 Jahre alten Bremsers, einen Gewerkverein gegründet, der sich über fünf Bahnen erstreckte und angeblich Dreiviertel aller Zugbeamten der in Pittsburgh und Allegheny City convergirenden Bahnen in sich schloß. Für den 27. Juni war eine allgemeine Arbeitseinstellung auf allen diesen Bahnen in Aussicht genommen. Am 25. kam es aber heraus, daß der Plan den Gesellschaften verrathen worden war; es existirte auch Unzufriedenheit in dem Verein selbst; der Strike wurde abbestellt und, rasch wie sie gewachsen war, ging die Trainmen's Union auseinander. Sie hielt keine Versammlung mehr nach dem 27. und von dem beabsichtigten Strike blieb nichts übrig als allerdings eine gewisse Unzufriedenheit. Die Frage der Lohnreduction war erledigt.

Die Veranlassung des wirklichen Strikes war die Ordre, daß vom 19. Juli an alle Frachtzüge zwischen Pittsburgh und Derry (etwa 46 engl. Meilen)

„Double headers" sein sollten. Regelmäßig nämlich bestehen die Frachtzüge aus 17 Wagen und einer Locomotive; ein „double header" ist ein Zug mit 34 Wagen und zwei Locomotiven. Die Ersparniß liegt nun darin, daß auf einem solchen Zuge nicht mehr Conducteure und Bremser als auf einem gewöhnlichen Zuge gebraucht werden. Es war also klar, daß eine Anzahl Bediensteter entlassen werden mußte.

Der Strike begann damit, daß am Morgen des 19. die Bremser des 8.40 Uhr-Zuges sich weigerten zu dienen. Der Locomotivführer schien bereit seine Pflicht zu thun, aber die Bremser und ihre Genossen verhinderten theils durch Drohungen, theils mit Gewalt das Ankoppeln der Locomotive. Der Zug konnte nicht auslaufen. Die anfangs kleine Menge erhielt beständigen Zuwachs von dem Personal der zahlreich einlaufenden Züge und besetzte alle Weichen in der Nähe des Bahnhofs.

Die Lage der Eisenbahn in Pittsburgh ist eigenthümlich. Von dem Bahnhofe aus erstrecken sich viele Schienenwege nach Osten mitten durch die Stadt. An der Kreuzung der 26. Straße, ungefähr eine engl. Meile vom Bahnhof, liegen die Werkstätten und ein Locomotivenhaus; andere Bauten der Gesellschaft erstrecken sich von hier bis zur 28. Straße, wo ein zweites Locomotivenhaus liegt. Als die ersten Unruhen sich in der Nähe des Bahnhofs zeigten, wurde der Bürgermeister um Schutz angerufen. Nur nach langer Ueberredung verstand er sich dazu, eine außerordentliche Polizeimacht von zehn Mann aufzubieten, unter der Bedingung, daß die Eisenbahngesellschaft sich für ihren Lohn verantwortlich machen wollte. Selbst hinzukommen, weigerte er sich ganz und gar und verließ am Nachmittage die Stadt, um seine kranke Frau zu besuchen. Die gesammte Extramannschaft, die während des ganzen Aufstandes von ihm verwandt wurde, betrug 29 Mann.

Es war die Pflichtvergessenheit dieses Bürgermeisters, die der ganzen Bewegung Förderung verlieh. Denn unterdessen bekam die Menge, die jetzt an der 28. Straße besonders stark war, beständigen Zuwachs von Eisen- und Glasarbeitern, Herumziehern („Tramps") 2c. und als der Scheriff der Grafschaft, welchen man erst gegen Mitternacht fand, hinausging und die Leute zum Heimgehn aufforderte, wurde er mit Hohn empfangen. Eine bewaffnete Macht irgend welcher Art stand ihm nicht zur Verfügung, und eine freiwillige Bürgerwehr, ein Posse Comitatus, hätte er unmöglich bei der damaligen Stimmung aufbieten können. Es herrschte nämlich in Pittsburgh große Unzufriedenheit mit der Verwaltung der Pennsylvania-Bahn, weil sie angeblich ihre Frachtsätze zum Nachtheil der dortigen Fabricanten eingerichtet hatte, und Niemand hatte Lust, für die Bahn irgend welche Opfer zu bringen, da das Wohl der Arbeiter mit dem der Fabricanten, und das Wohl der Kleinhändler mit dem der Arbeiter eng zusammenhing. Der Scheriff war daher gezwungen, obgleich die Menge nur aus etwa 200 Männern und Knaben bestanden haben soll, die Staatsgewalt um Militär anzurufen. Aus Harrisburg kam noch in derselben Nacht vom 19. auf den 20. der Befehl für die Mobilisation eines Regiments und im Nothfalle von mehr. In Ausführung dieser Ordre wurden drei Regimenter Infanterie und eine Batterie aufgeboten. Die Miliz theilte aber natürlich die Feindschaft der Bürgerschaft überhaupt gegen die Bahn und gehorchte nur langsam. Um Mittag des 20. rückte ein Regiment von 250 Mann nach der Vorstadt Torrens aus, um die dort befindlichen Viehhöfe der Bahn zu schützen. Erst um 5 Uhr Nachmittags stellten sich drei oder vier Compagnien der andern Regimenter ein; jede nur halb vollzählig. Mit ihnen konnte natürlich Nichts ausgerichtet werden, und der commandirende General Pearson telegraphirte um auswärtige Truppen. Das war am 20., 6.55 Uhr Nachmittags, und die Menge zählte jetzt gegen 4—5000.

Die Truppen von Philadelphia, die der General=Adjutant jetzt nach Pittsburgh commandirte, gehorchten pünktlich und kamen am 21. um 3 Uhr Nachmittags in Pittsburgh, 600 Mann stark, an. Ein Theil der Pittsburgh=Truppen hatte schon an der Kreuzung der 28. Straße Stellung genommen; sie machten aber keinen ernstlichen Versuch, die Bahn zu räumen, sondern setzten die Gewehre zusammen und lagerten meist auf der Erde herum, mit dem Pöbel fraternisirend, der, da die Werkstätten am Sonnabend früher schließen, um diese Zeit bedeutenden Zuwachs aus den Fabriken erhalten hatte. Als die Truppen von Philadelphia um 4 Uhr hinkamen und Miene machten, die Bahn zu säubern, zeigten sich die Aufständischen drohend. Sie suchten den Soldaten ihre Bajonnete zu entreißen, dann warfen sie mit Steinen und schossen mit Pistolen. Hierauf feuerte das Militär, tödtete eine Anzahl Personen und die Menge ging auseinander. Jetzt zogen sich die Philadelphischen Truppen ins Locomotivenhaus zurück, um die langentbehrte Ruhe und Erholung zu genießen; die Pittsburgh=Truppen wurden aber um 10 Uhr Abends nach der Stadt zurückcommandirt.

Das war nun ein so colossaler Fehler, daß selbst die Officiere des Regiments nur unter Protest gehorchten. Die fremden Truppen waren ganz ohne Unterstützung. Die Nacht war fürchterlich für das somit verlassene und eingekerkerte Militär. In der Dunkelheit versammelte sich der Pöbel wieder und feuerte durch die Fenster ins Locomotivenhaus hinein; dann setzten sie die Frachtwagen, die dort in großer Anzahl standen, in Brand und schoben sie gegen das Locomotivenhaus. Die ganze Nacht hindurch löschten die Soldaten das Feuer. Endlich, am Morgen des 22., gewann es doch die Uebermacht, und sie mußten sich zurückziehen. Ihre Rückzugslinie nach Osten ging durch die Straßen von Pittsburgh, dessen Bürger sich nicht schämten, von hinten und aus den Fenstern auf die ermüdeten Truppen zu schießen. Mit einem Verlust von vier Mann gewannen sie das Freie und bivouakirten außerhalb der Stadt.

Jetzt fing die Plünderung an. Die beladenen Güterwagen wurden erbrochen und was sich nur tragen ließ, wurde hinweggeschleppt. Frauen und Kinder betheiligten sich den ganzen Sonntag eifrig dabei. Zu guter Letzt erbeuteten sie eine Ladung Schnaps, und dieser richtete mehr aus, als Militär und Polizei. Betrunken und erschöpft hörte der Pöbel auf, einfach, weil er nicht mehr konnte.

Die Vorsichtsmaßregeln der zu spät erwachenden Bürger waren jetzt überflüssig. Es geschahen keine Störungen mehr.

In weniger als 24 Stunden waren aber gegen 1600 Eisenbahnwagen, 126 Locomotiven und die Werkstätten der Gesellschaft zerstört; die Eisenbahn hatte nach ihrer eigenen, detailirten Berechnung $2,000,000 an Material allein eingebüßt. Der ganze Verlust mit Einrechnung der Fracht und der entbehrten Gewinne soll gegen $5,000,000 betragen haben. Vier Soldaten wurden getödtet; 22 Leichen von Aufständischen oder Bürgern wurden gerichtlich untersucht.

Während diese Gewaltthaten in Pittsburgh verübt wurden, fanden auch in andern Städten Ausbrüche, durch diese veranlaßt, statt. In Allegheny City, Pittsburgh gegenüber, auf dem nördlichen Ufer des Allegheny-Flusses, stellten die Bremser der Frachtzüge am Morgen des 20. die Arbeit ein. Sie sollen Andere von der Arbeit nicht abgehalten haben, aber thatsächlich wurden keine Frachtzüge expedirt, theils weil sich schwer Leute finden ließen, dieselben zu bedienen, theils weil es bei der Stockung östlich von Pittsburgh nichts genützt hätte, die Züge auf den westlichen Bahnen laufen zu lassen. Hier geschahen aber gar keine Gewaltthaten. Der Bürgermeister der Stadt nahm sogleich alle nöthigen Vorsichtsmaßregeln und die Strikenden standen unter dem Befehl von Ammon, dem Gründer der Trainmen's Union, der fünf Tage lang den ganzen Passagierverkehr einer Abtheilung der Pittsburgh-, Fort Wayne- und Chicago-Bahn als Superintendent dirigirte. Am 24. Juli lieferte er die Bahn ihren Eigenthümern ruhig wieder zurück.

In Harrisburg, Philadelphia und Reading stellten auch um dieselbe Zeit die Eisenbahnbediensteten ihre Arbeit ein, aber in allen diesen Städten thaten die Behörden ihre Pflicht und nur in Reading kam es zum Blutvergießen.

In der nächsten Woche wurden die westlichen Städte von der Strike-Epidemie ergriffen. Auf den Bahnen, die von Cleveland nach Chicago und von Indianopolis nach St. Louis führen, sowie auf der Pacific-Bahn und vielen andern, von weniger Bedeutung, fanden auch Strikes statt. In Buffalo, Columbus, Fort Wayne, sogar in San Francisco zeigten sich Unruhen, dann auch in Albany, St. Louis und Chicago, wo die Socialisten die Gelegenheit benutzten, um ihre Grundsätze in Anwendung zu bringen, und wo am Donnerstag, den 26., blutige Zusammenstöße mit der Polizei stattfanden. In Scranton (Pa.) brach am 25. ein Strike auf der Eisenbahn aus; dann unter den Grubenarbeitern, die immer zu Gewaltthaten bereit sind. Eine energische, entschlossene Bürgerwehr erstickte aber die Bewegung im Keime.

Sogar in New-York hielten die Socialisten eine Massenversammlung in Tompkins Square am 25., um ihrer Sympathie Ausdruck zu geben. Die Zeitungen machten die Demonstration aber vorher so lächerlich und es wurde eine so tüchtige Polizeimacht in der Nähe aufgestellt, daß es bei Schimpfwörtern und Bravado sein Bewenden hatte. Am 30., 14 Tage nach dem ersten Ausbruch, war der Strike überall zu Ende.

Aus der Schilderung dieser merkwürdigen Bewegung, für die sich eine passende Bezeichnung kaum finden läßt, erhellt, daß sie durchaus nicht auf einem vorher entworfenen Plane beruhte, und auch nicht überall durch dieselben Ursachen hervorgerufen wurde. Auf jeder Bahn waren die Verhältnisse anders, das einzige Gemeinsame war eine allgemeine Unzufriedenheit der Bediensteten mit ihrer finanziellen Lage. Als nun der erste Aufruhr auf der Baltimore-Ohio-Bahn stattfand, geriethen die Leute auf den andern Bahnen in eine panische Aufregung, die durch das Einschreiten der Truppen noch gesteigert wurde, und ohne vorherige Organisation stürzten sie sich in die anscheinend gewaltige Bewegung hinein. Die große Zerstörung von Menschenleben und Gütern in Pittsburgh war meistens einer criminellen Pflichtvergessenheit des Bürgermeisters und einer großen Unfähigkeit der Commandirenden der Truppen zuzuschreiben, theilweise auch dem Umstande, daß die Bürger, wegen ihrer Feindseligkeit mit der

Bahn anfangs eine zweifellose Sympathie mit den Strikenden hatten. Niemand dachte, daß so viele Vagabunden aus aller Herren Ländern, die mit den Eisenbahnen auch nicht die geringste Verbindung hatten, sogleich herbeieilen und solcher Ausschreitungen sich schuldig machen würden. Man kann also nicht eigentlich von einem Strike reden, sondern von einer Verbindung einer Menge Strikes.

Was uns hier aber besonders interessirt, das sind die Triebfedern dieser einzelnen Bewegungen. Lagen sie in den Gewerkvereinen oder nicht? Das ganze Zeugniß geht dahin, daß die Vereine als solche mit dem Strike wenig oder Nichts zu thun hatten. Die Trainmen's Union war überall todt, ehe der Strike anfing, also kann sie nicht daran Theil genommen haben. Was die Brüderschaft der Locomotivführer betrifft, so wurde damals vielfach geglaubt, daß sie die ganze Sache angestiftet habe. Ein Vorfall schien auch diesen Verdacht zu bestätigen. Es wurde nämlich am 20. Juli ein schriftlicher Antrag Seitens der Bediensteten an die Pennsylvania-Bahn gemacht, der die Ueberschrift trug „Brotherhood of Locomotive Engineers, Pittsburgh Division No. 50", und der folgende Forderungen enthielt: Wiederherstellung der früheren Löhne, Abschaffung der Double headers, Zurücknahme aller wegen Theilnahme an dem Strike Entlassenen und Abschaffung der sogenannten Classification der Locomotivführer, d. h. der Regel, kraft welcher der Lohn mit der Dienstzeit steigt. Hieraus geht hervor, daß die Locomotivführer allerdings einen Gewinn aus den allgemeinen Unruhen zu ziehen hofften, aber im Anfang waren sie bereit zu dienen und versuchten ihre Locomotiven anzukoppeln, trotzdem sie von den Bremsern bedroht wurden. Sie stellten ihre Arbeit ein, nur weil sie dazu gezwungen wurden. Aber auch die Untersuchung zeigte mit ziemlicher Bestimmtheit, daß die Brüderschaft vor dem Ausbruche in keiner Beziehung zu demselben stand. Was ihr Grand Chief auch unter der Hand und auf eigene Faust gethan haben mag, die Brüderschaft als solche kann nicht dafür verantwortlich gemacht werden.

Wenn wir nun zum Schluß die amerikanischen Gewerkvereine mit den englischen vergleichen, so stellen sich wichtige und bezeichnende Unterschiede heraus, sowohl in der Verwaltung, als in den Wirkungen. Indem wir die Amalgamated Society of Engineers als Vertreter der englischen Vereine im Allgemeinen ansehn, so zeigt sich in den amerikanischen eine größere Macht der Vorsteher und zugleich eine geringere Controlle derselben. Sie sind der Delegirtenversammlung natürlich verantwortlich und ihre Rechnungen werden immer besichtigt, aber die genaue Controlle Schritt für Schritt, die gegenseitige Aufsicht der verschiedenen Beamten, die so viele Weitläuftigkeiten in den englischen Vereinen verursachen, fehlen ganz und gar. Diesem Umstande ist es wohl zuzuschreiben, daß so viele Veruntreuungen der Schatzmeister stattfinden. Fälle dieser Art aus neuerer Zeit sind mir bekannt in den Vereinen der Drucker, der Locomotivführer, der Schneider und der Hutmacher.

Die amerikanischen Vereine scheinen ferner eine große Aufmerksamkeit der rein parlamentarischen Thätigkeit zu widmen. Es wird mit Delegirtenversammlungen ein großer Luxus getrieben. Wenn wir bedenken, daß die jährliche Versammlung der Former von $ 5000.00 bis $ 10,000.00 kostet, so müssen wir die Sparsamkeit der Engländer bewundern, die nur in außerordentlichen Fällen ihre Abgeordneten berufen und die amtlichen Geschäfte alle brieflich abmachen.

Trotz dieses seltenen Austausches von Ideen und Meinungen oder vielleicht gerade deshalb ist die ganze Organisation in den englischen Vereinen viel fester und stärker als in den amerikanischen. Hier ist die Local-Autonomie sehr groß; sie zeigt sich z. B. darin, daß ein Candidat nicht als Mitglied des großen Vereins, sondern als Mitglied des Zweigvereins aufgenommen wird. Daher muß bei seinem Umzuge nach einer andern Stadt der Localverein, an den er sich um Aufnahme wendet, noch einmal über ihn abstimmen, trotzdem er im Besitze einer vom Secretär des Centralvereins beglaubigten Reisekarte ist. In diesem Falle genügt zur Aufnahme meistens einfache Majorität, aber von selbst wird er nicht Mitglied. Jeder Zweig erläßt ferner seine eigenen Nebengesetze; in einigen Vereinen machen sie sogar ihr eigenes Statut. In allen bestehen getrennte Verfassungen für den Centralverein und für die Zweige. In England dagegen gilt ein Statut für die ganze Gesellschaft. Die Bedeutung der Zweige als Zweige verschwindet, und die Mitglieder werden fest an den großen Verein gebunden durch die Equalisation of Funds, d. h. durch die jährliche Vertheilung des Ueberschusses nach der Kopfzahl unter alle Vereine. Diese Einrichtung ist in Amerika unbekannt.

Der Unterschied schließlich in den wirthschaftlichen Folgen der englischen und amerikanischen Vereine besteht mit einem Worte darin, daß erstere sich auf der Seite der Ausgaben bethätigen, letztere auf der Seite der Einnahmen. Die amerikanischen Vereine bemühen sich vor Allem ihrem Mitgliede hohen Lohn, also eine gute Einnahme zu verschaffen. Was er damit macht, ist gleichgültig. Die englischen Vereine arbeiten auch in dieser Richtung, aber ihre wichtigste Thätigkeit besteht doch darin, daß sie das Mitglied zur Sparsamkeit anreizen, daß sie ihn nöthigen, einen Theil seines Einkommens so anzulegen, daß er bei Krankheit, Arbeitslosigkeit oder Unglücksfällen nie ganz mittellos wird, daß sie ihn gewissermaßen zum Capitalisten machen und ihn der Furcht vor wirthschaftlichem Untergang überheben. Das höchste Ziel, welches sich die Gewerkvereine stecken können, ist die Sicherstellung des Arbeiters, und dieses Ziel haben die amerikanischen Vereine, so sehr die neuern dahin zu streben scheinen, noch nicht erreicht.

Pierer'sche Hofbuchdruckerei. Stephan Geibel & Co. in Altenburg.

Printed by Libri Plureos GmbH
in Hamburg, Germany